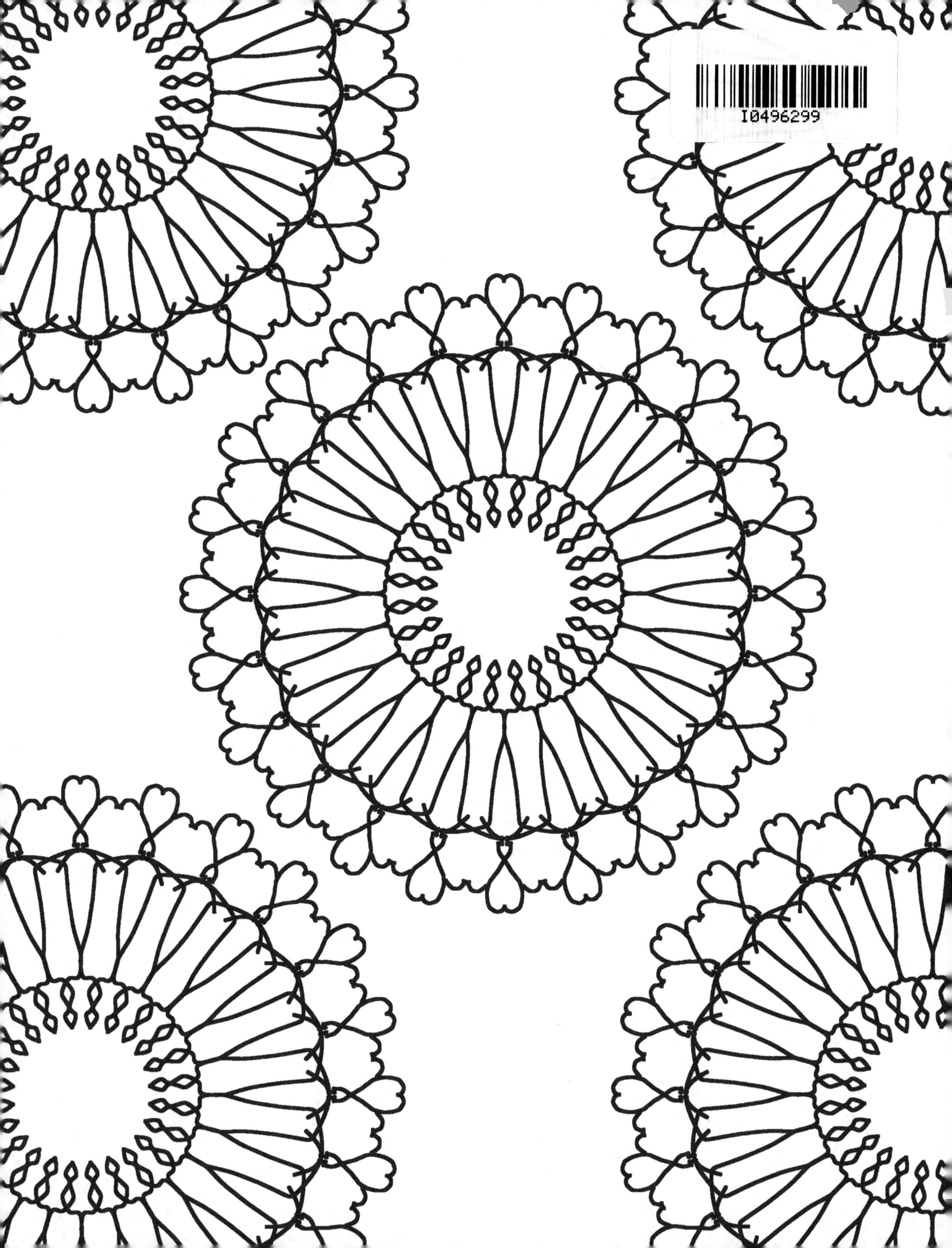

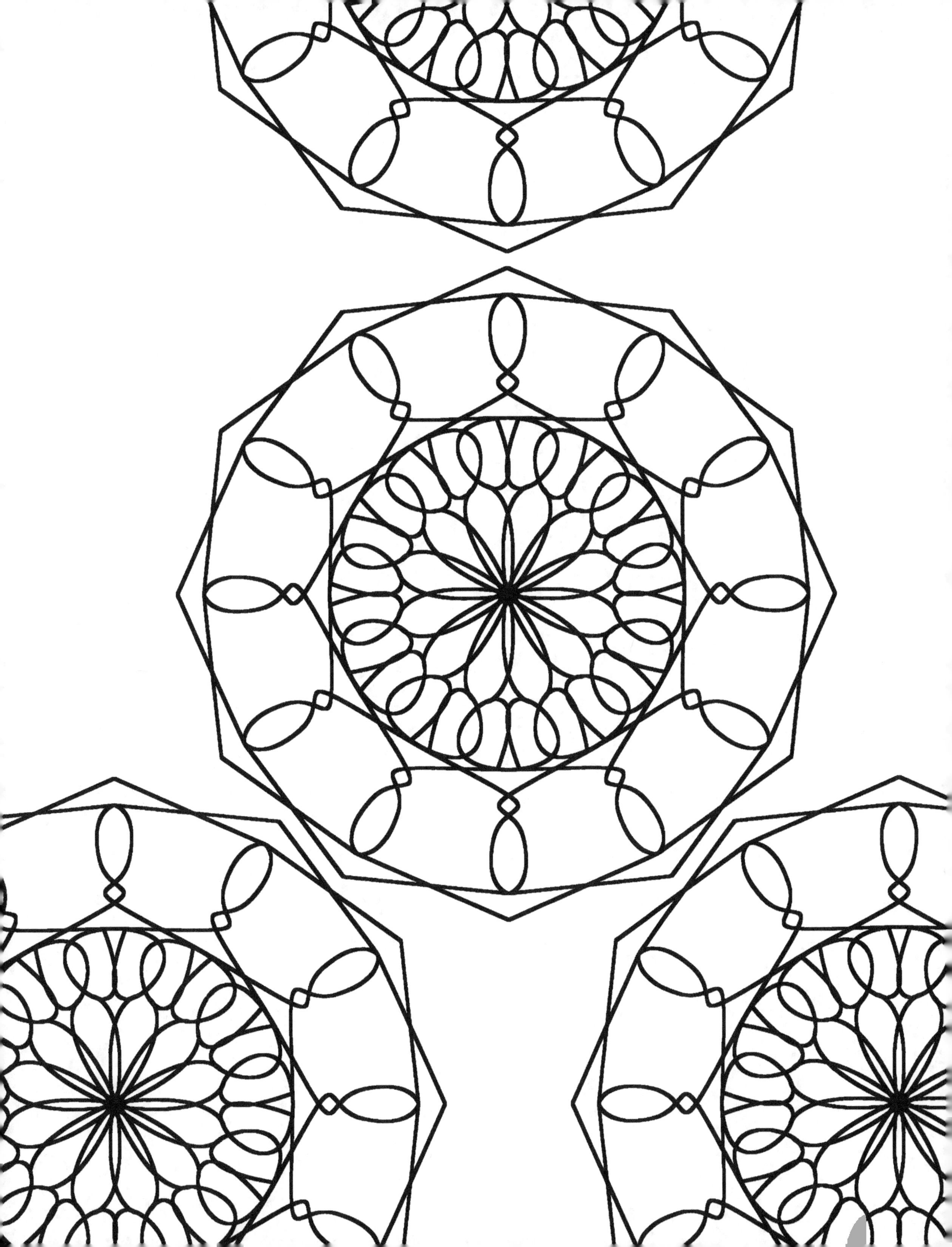

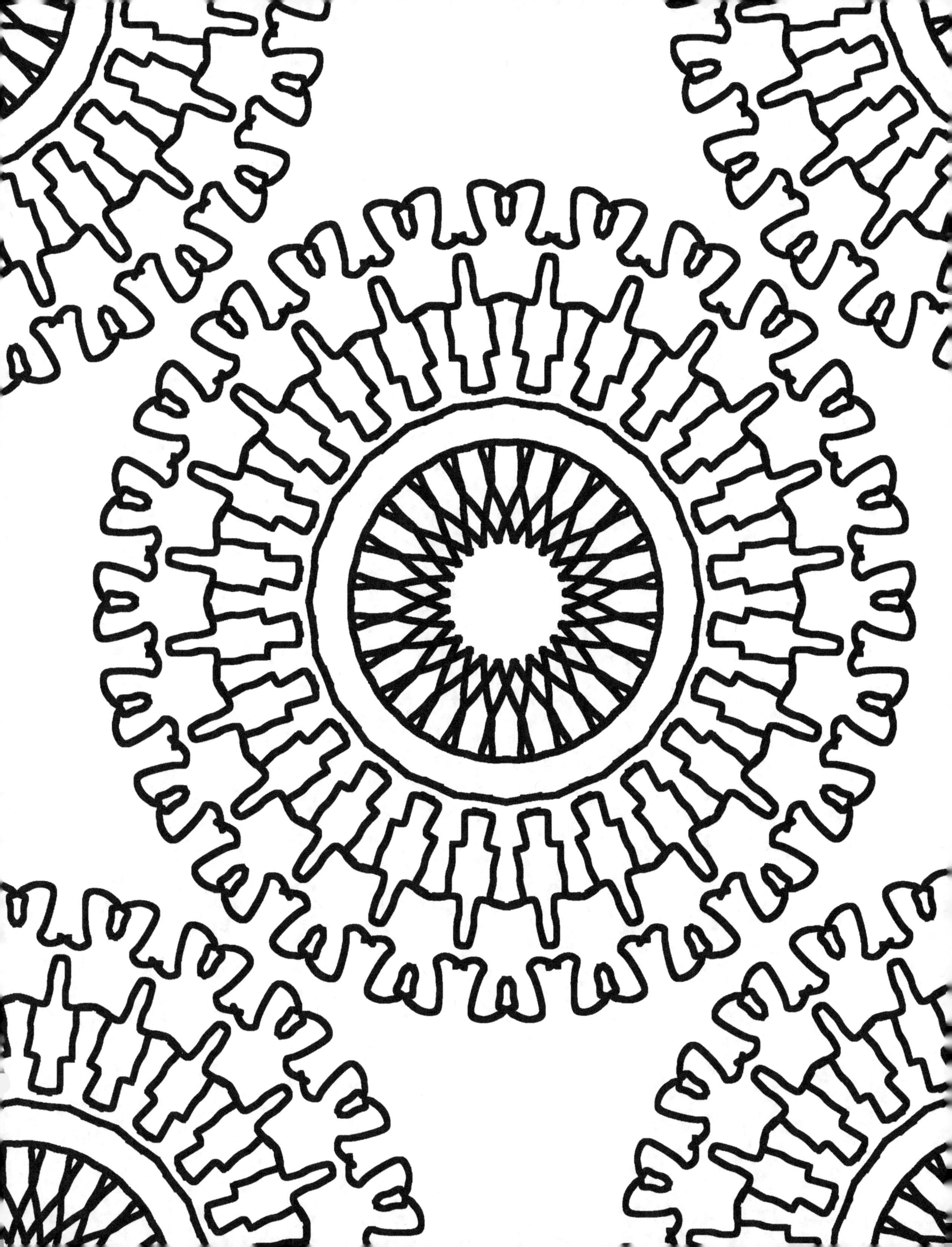

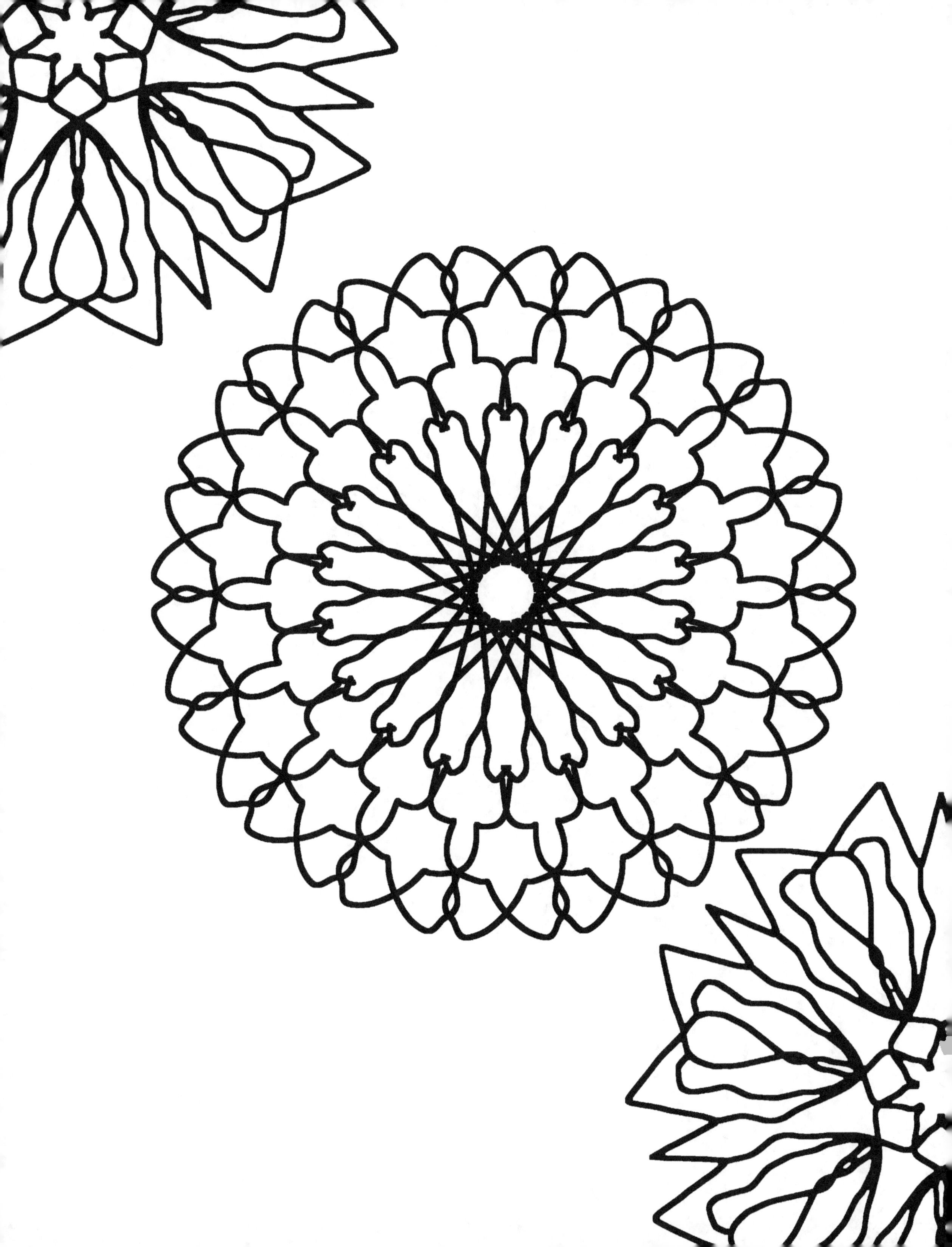

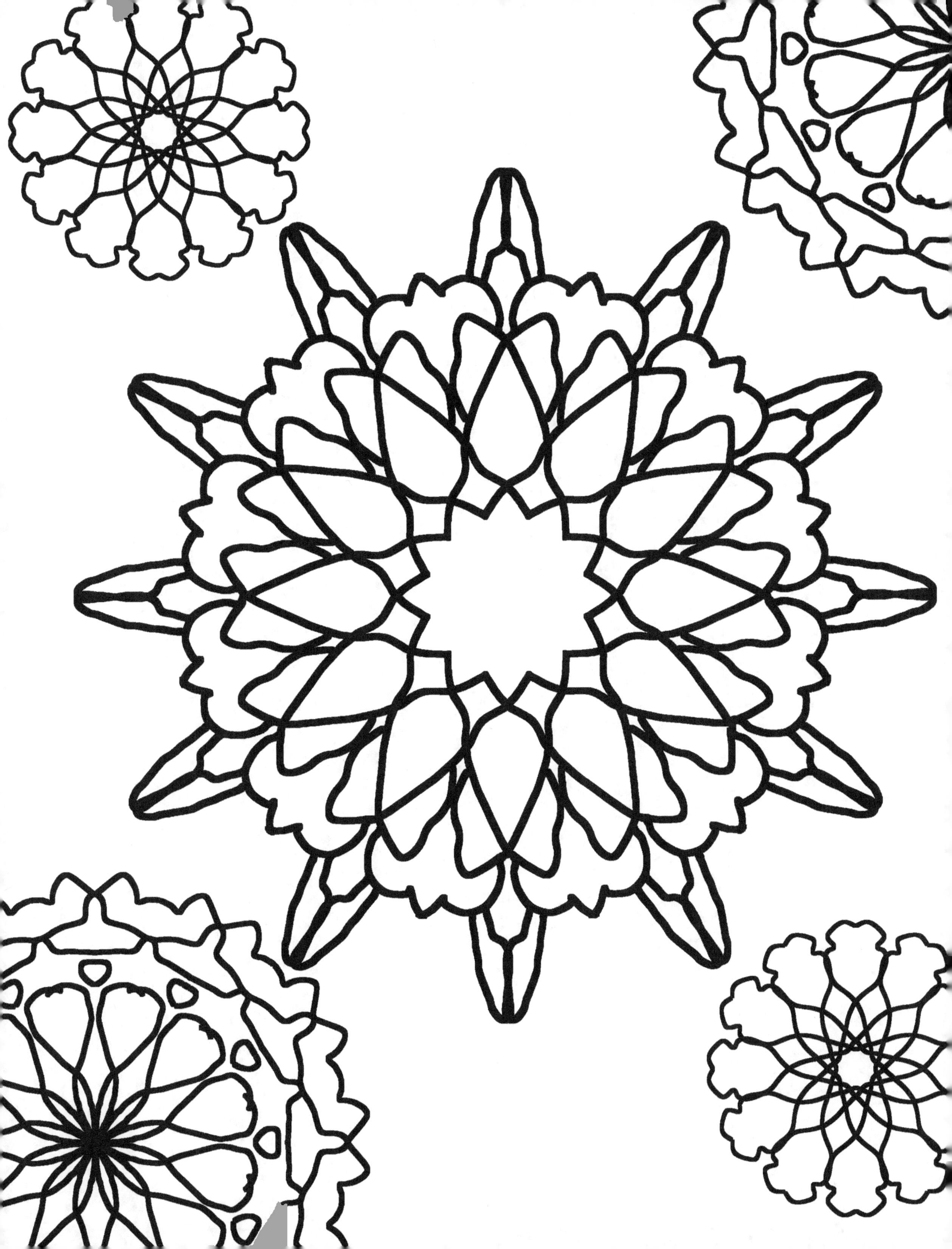

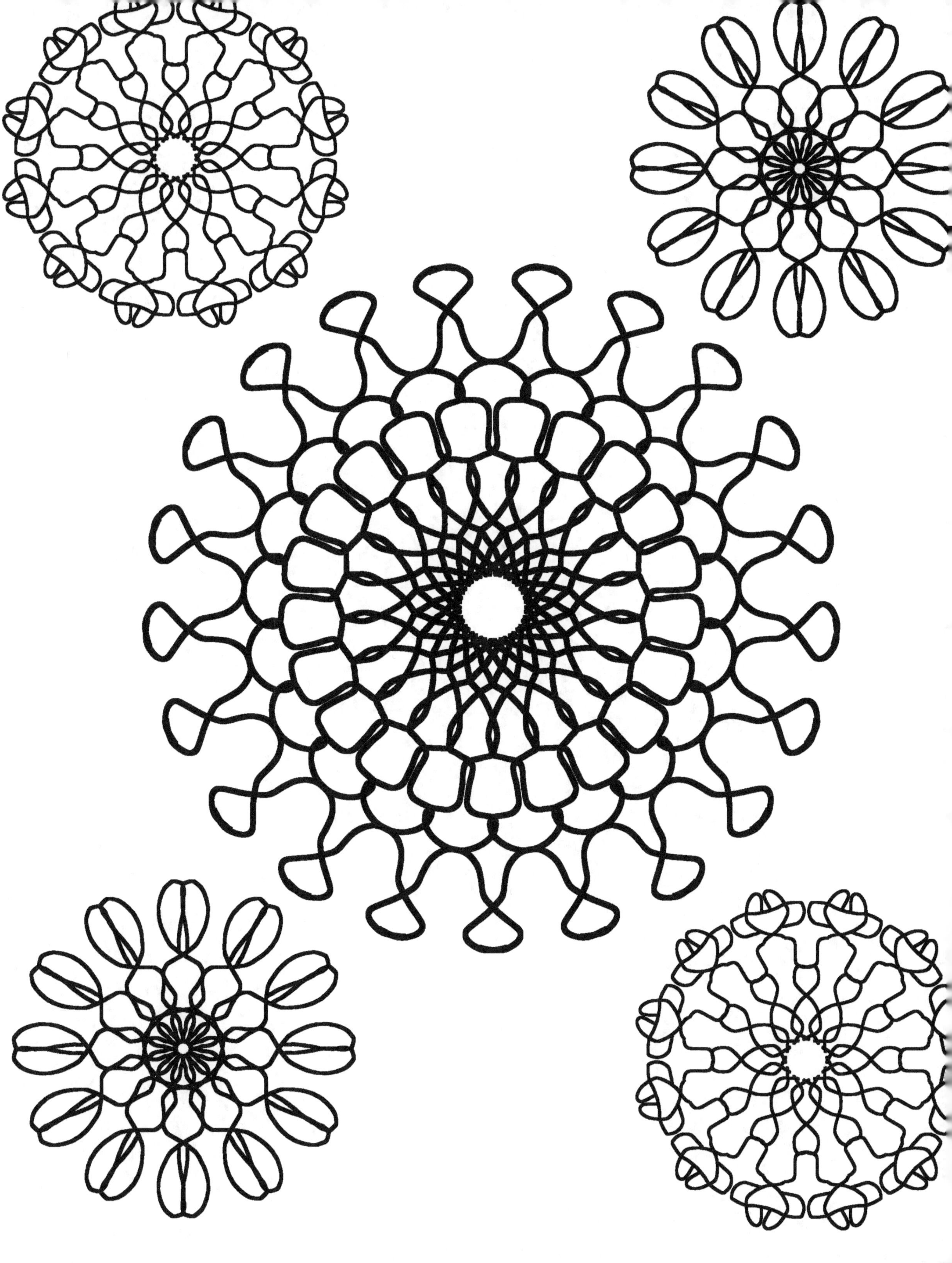

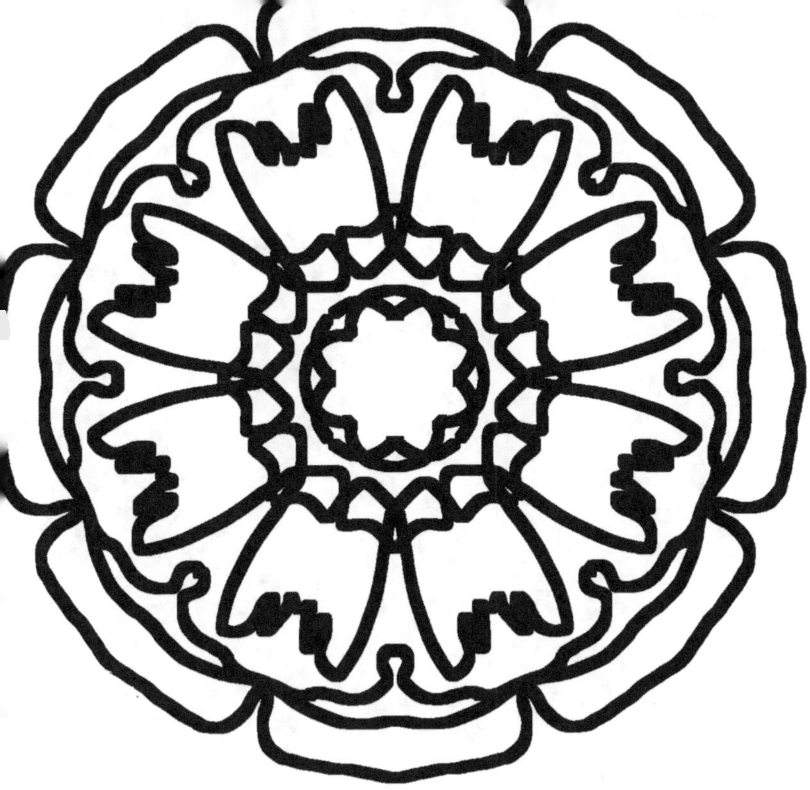
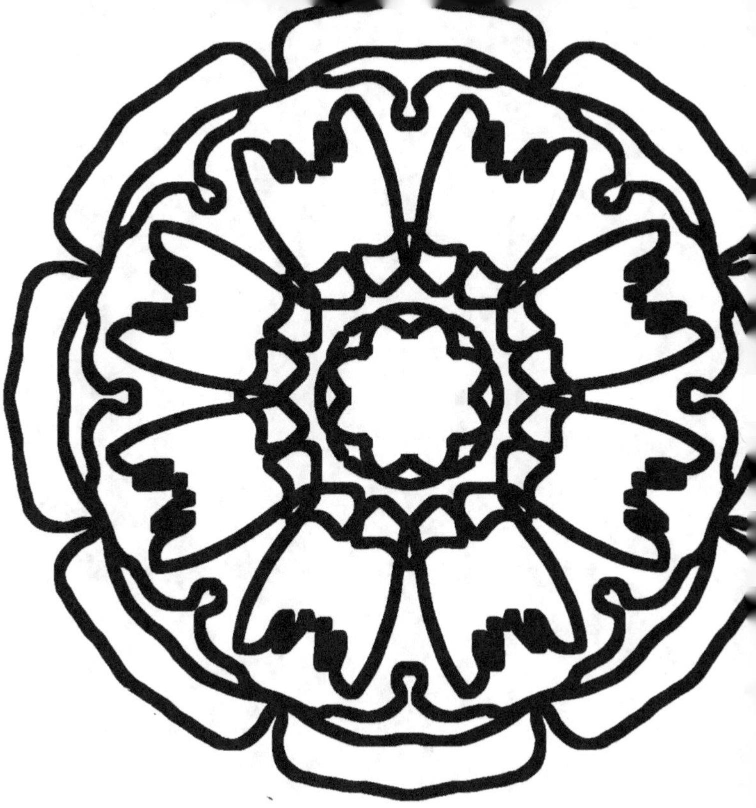
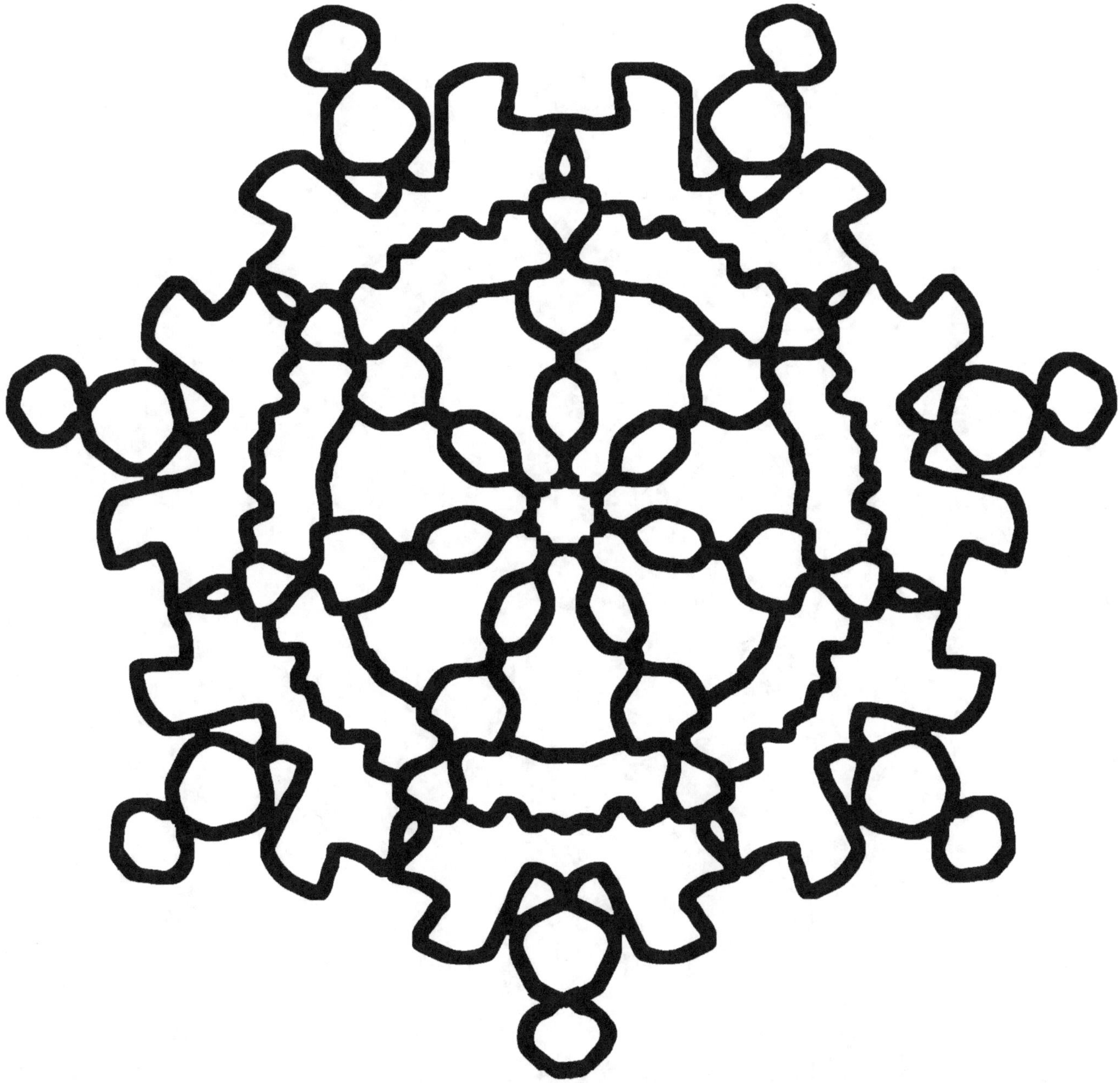

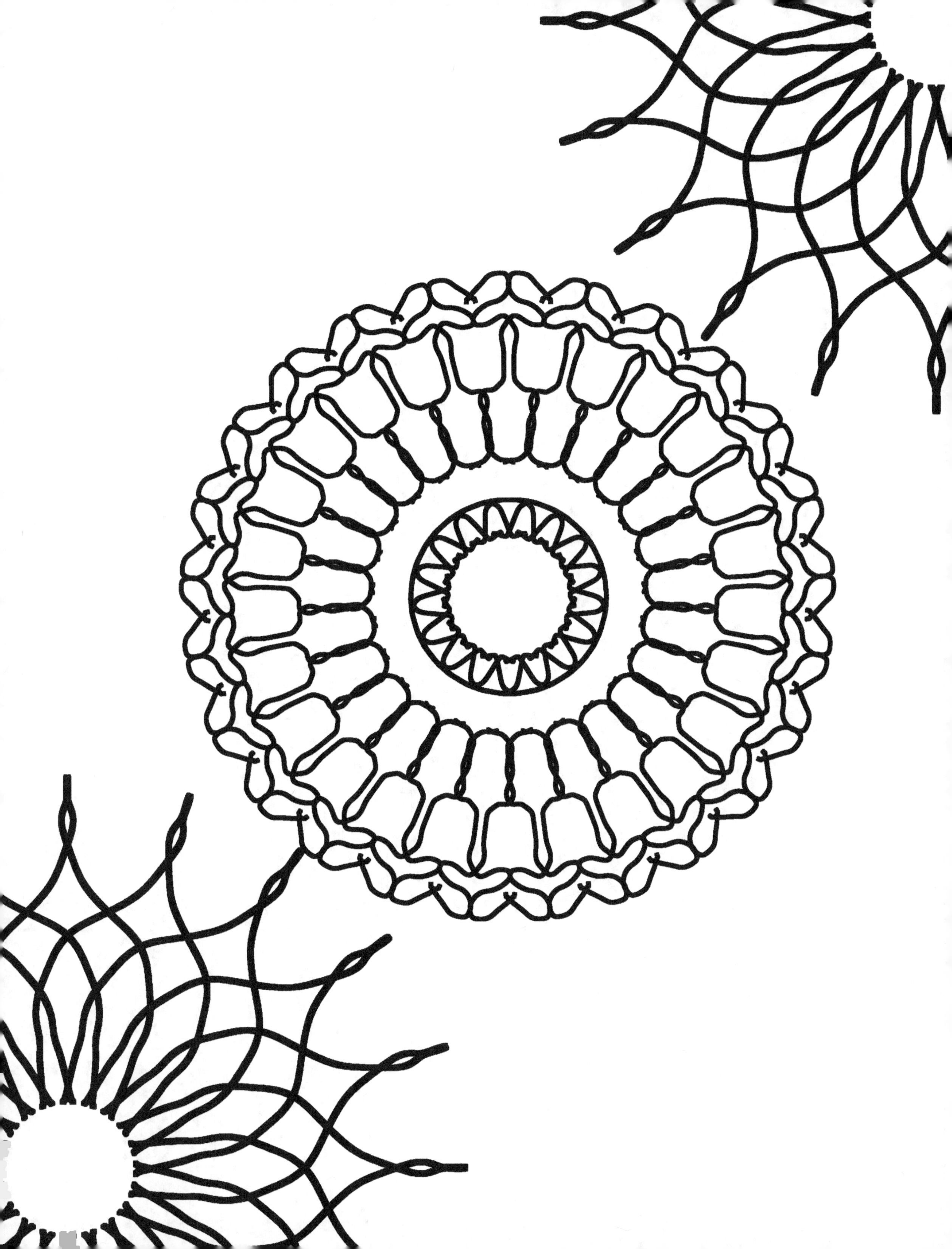

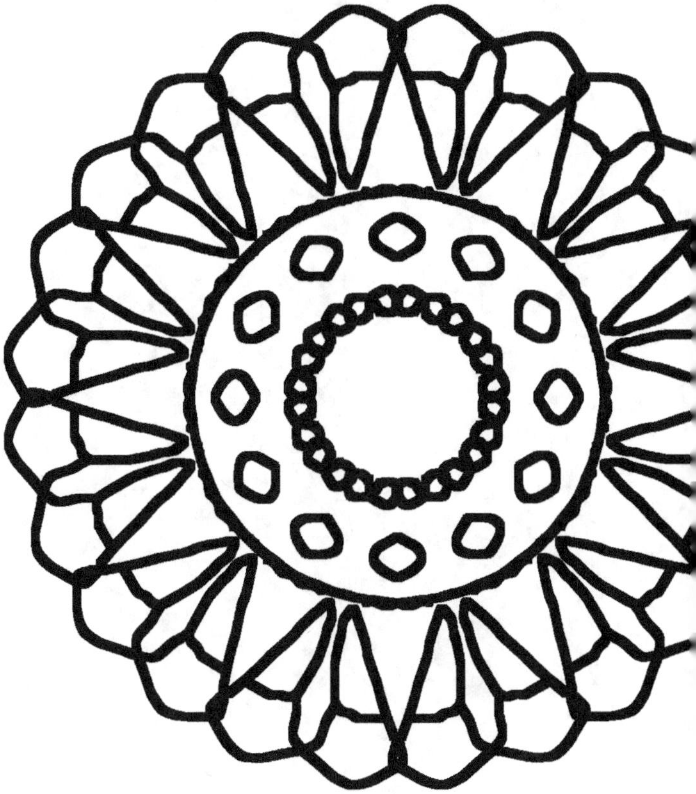
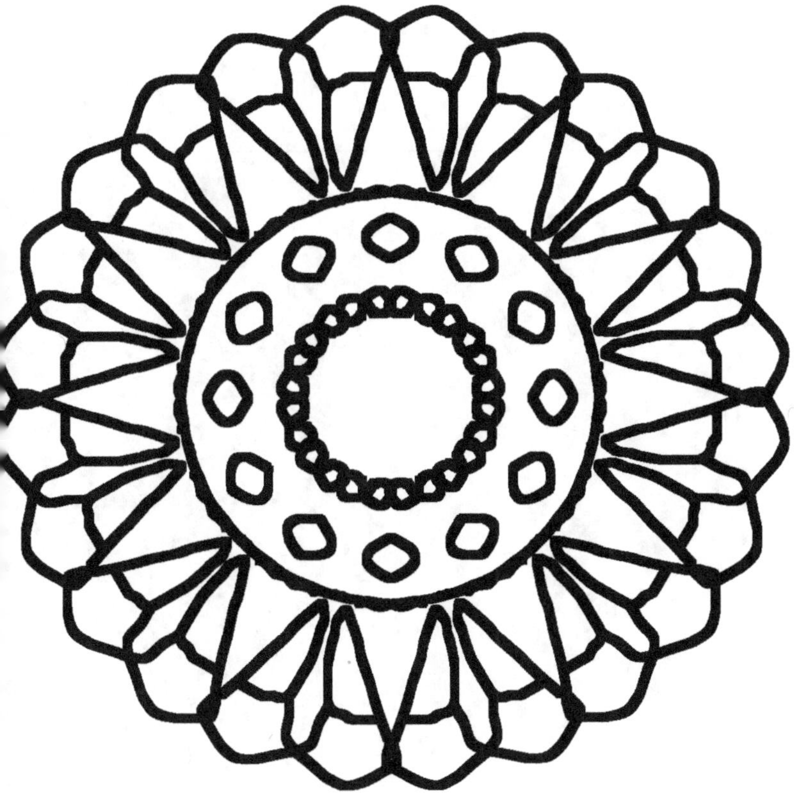

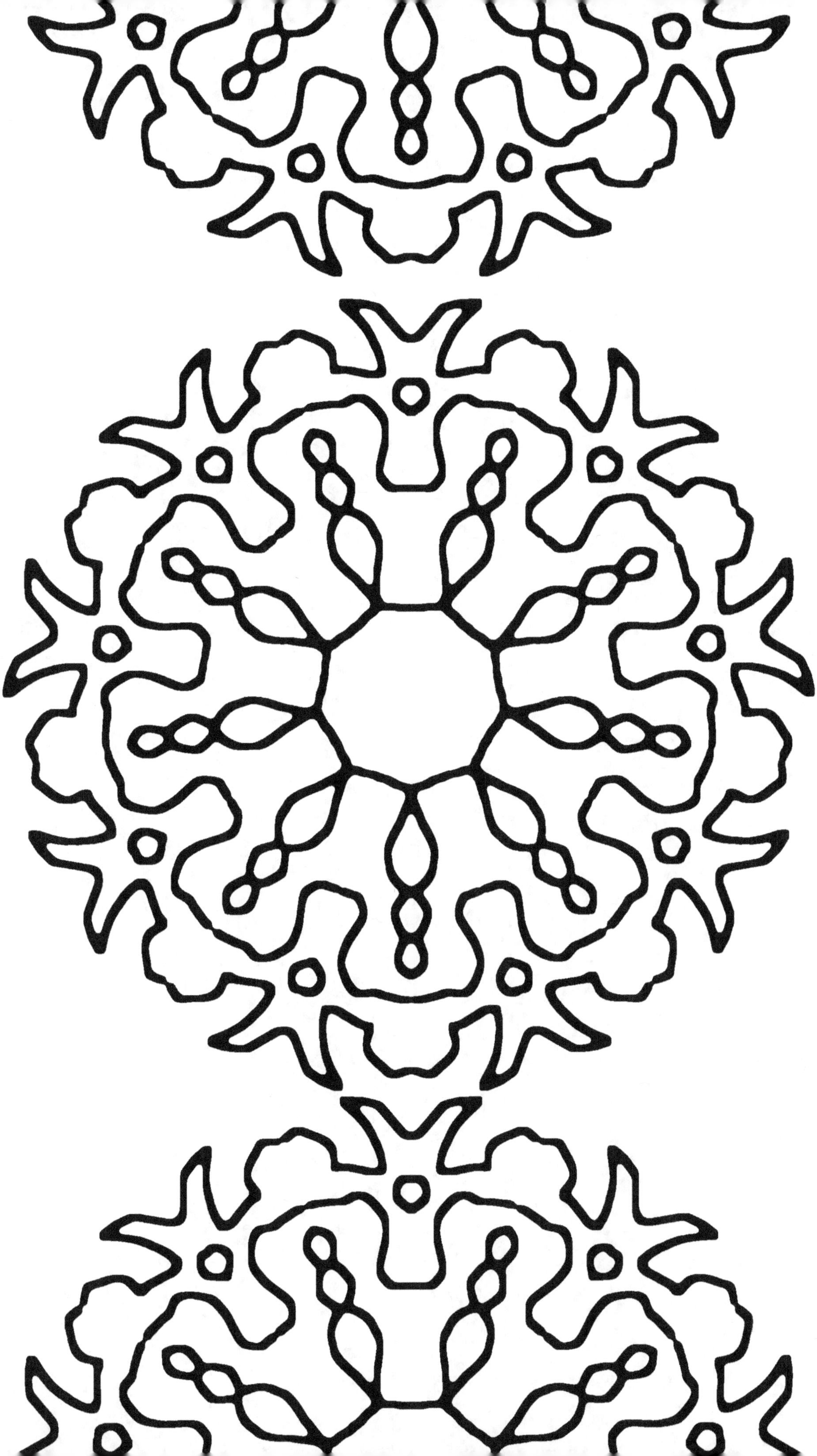

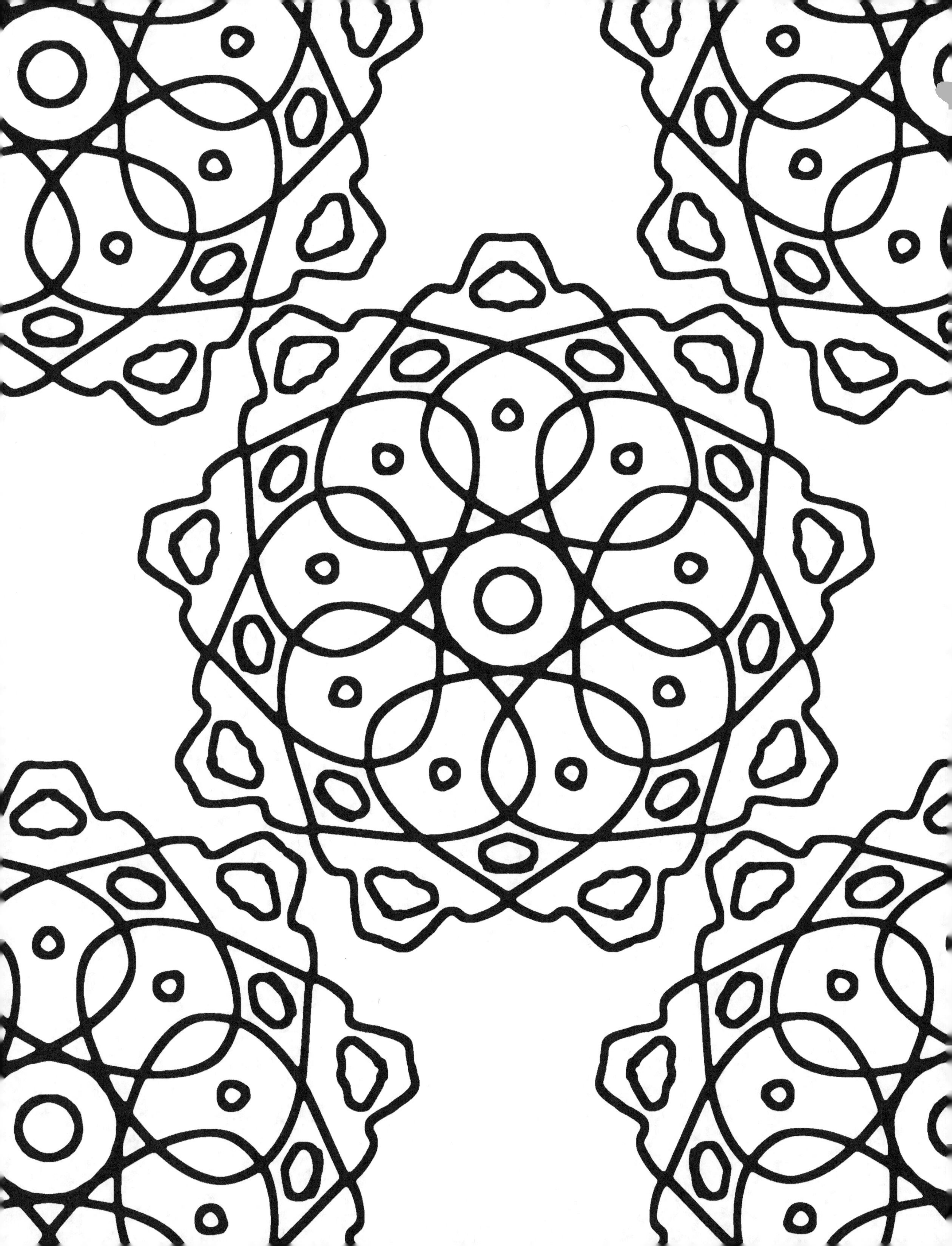

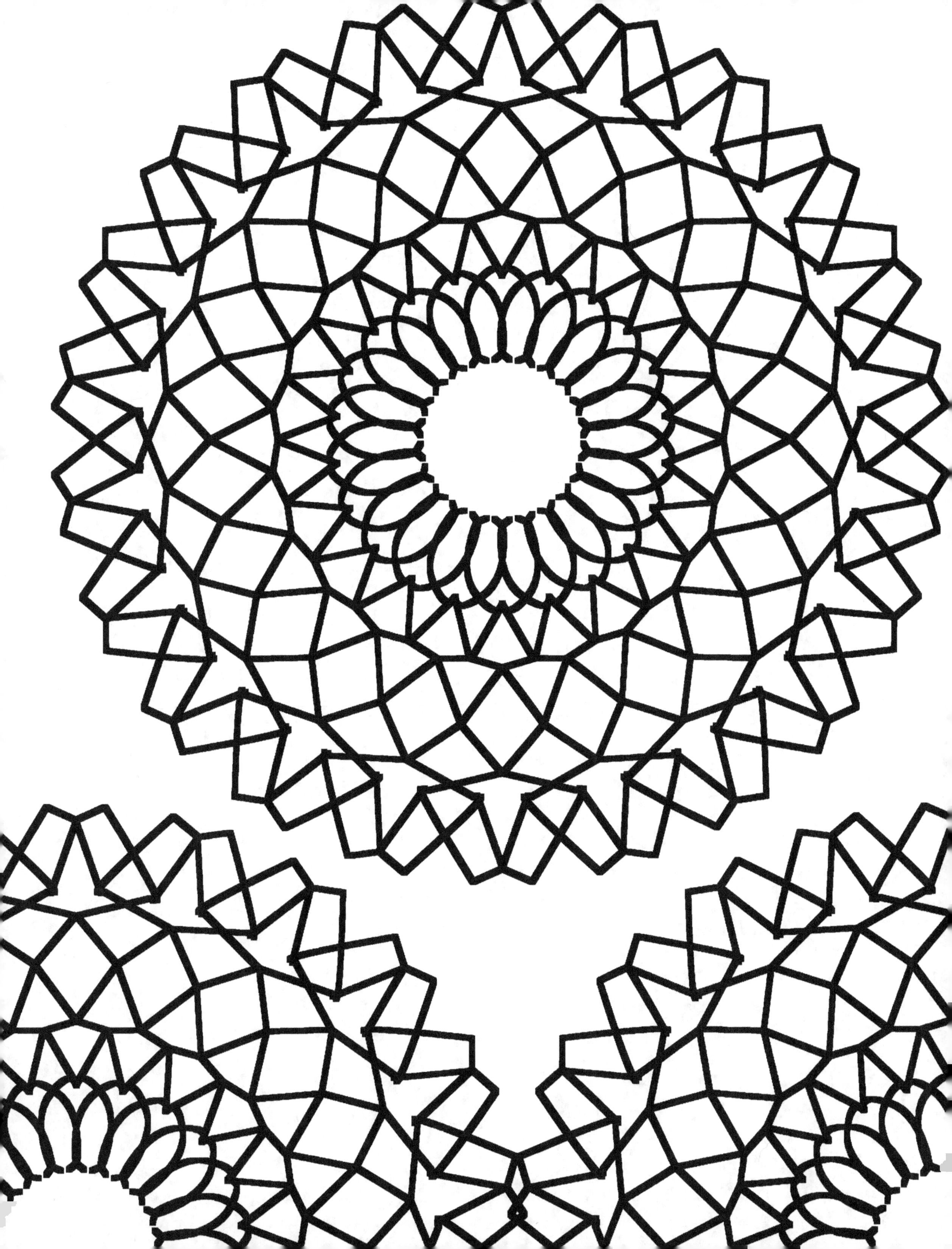

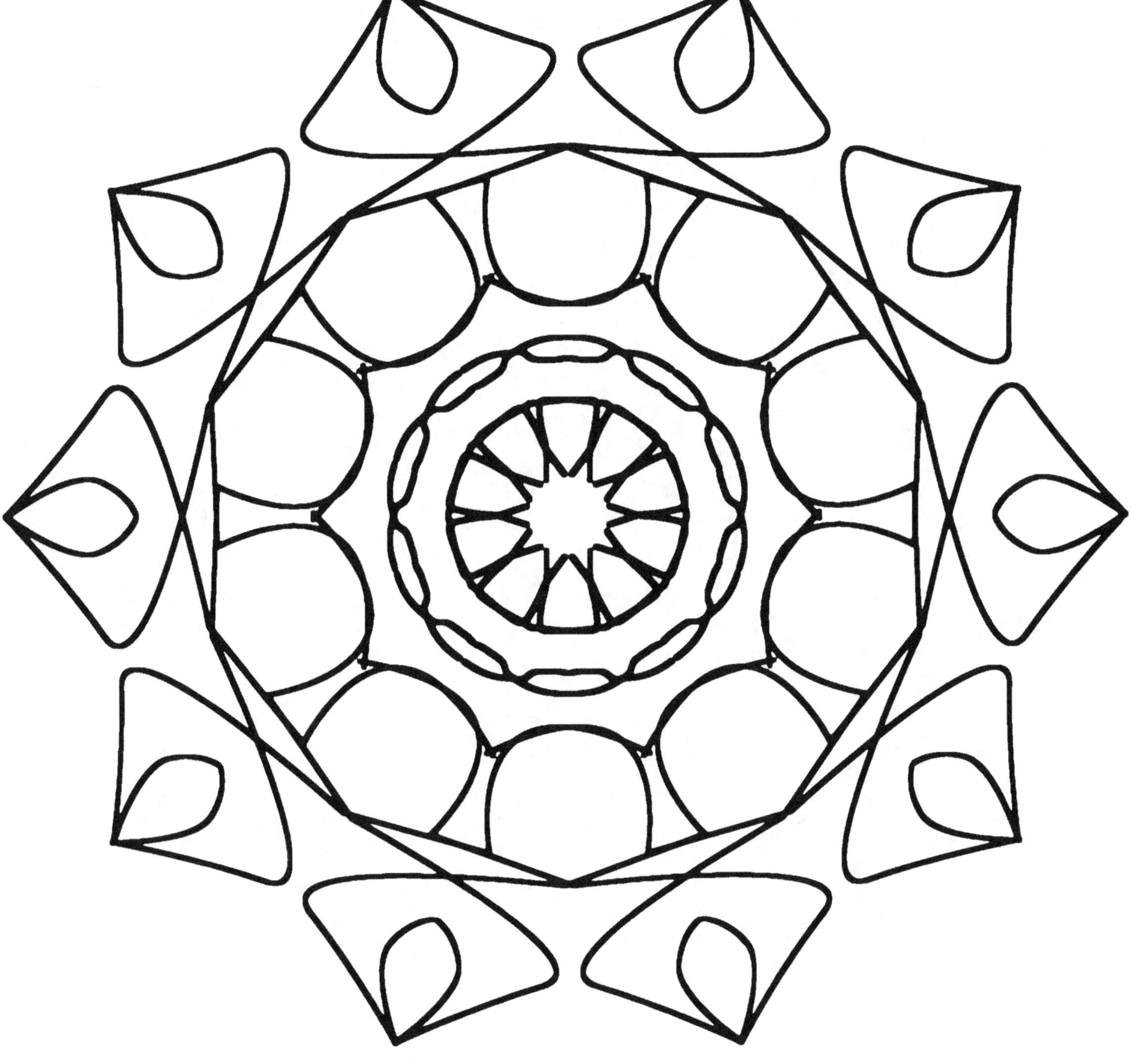

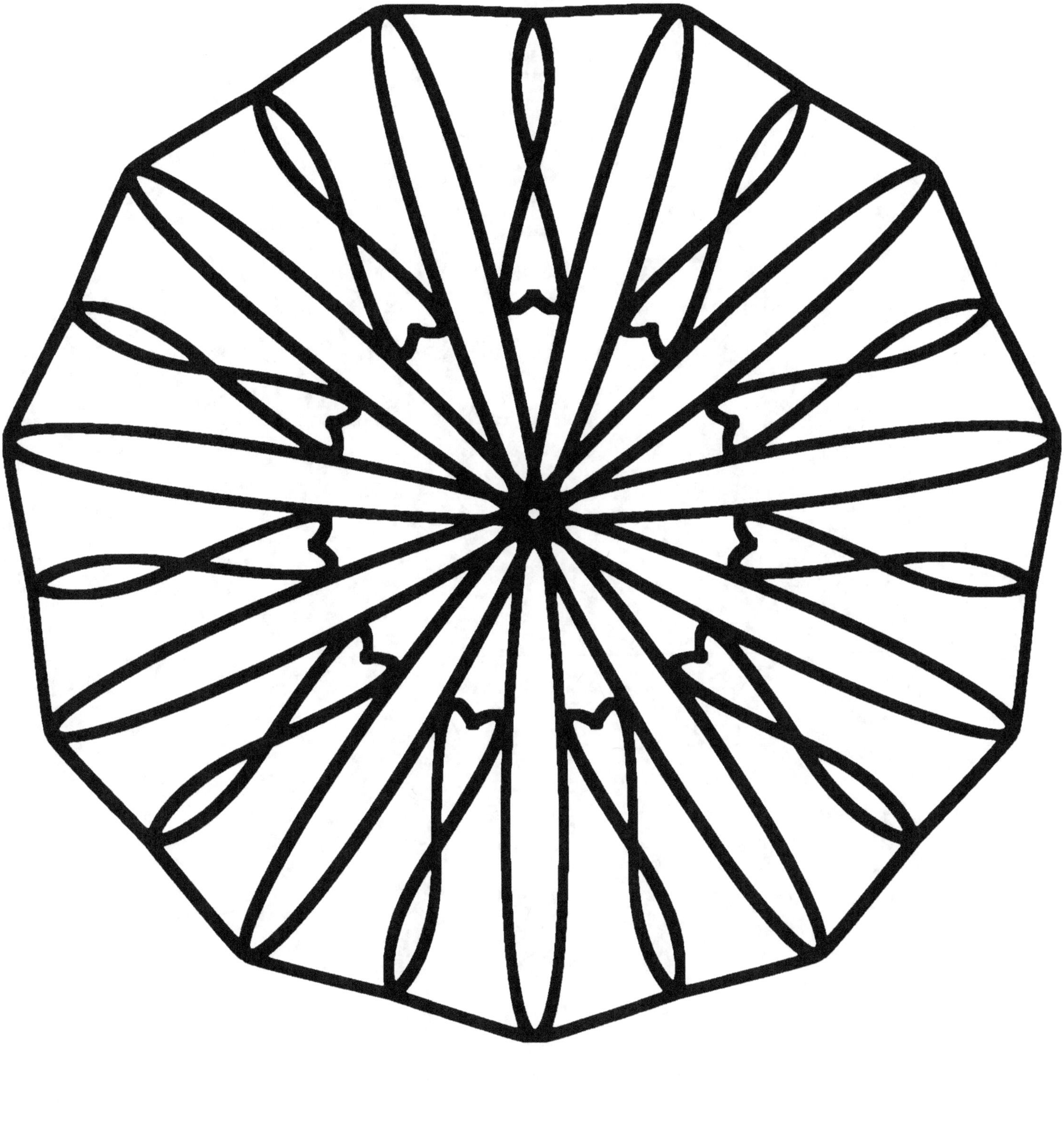

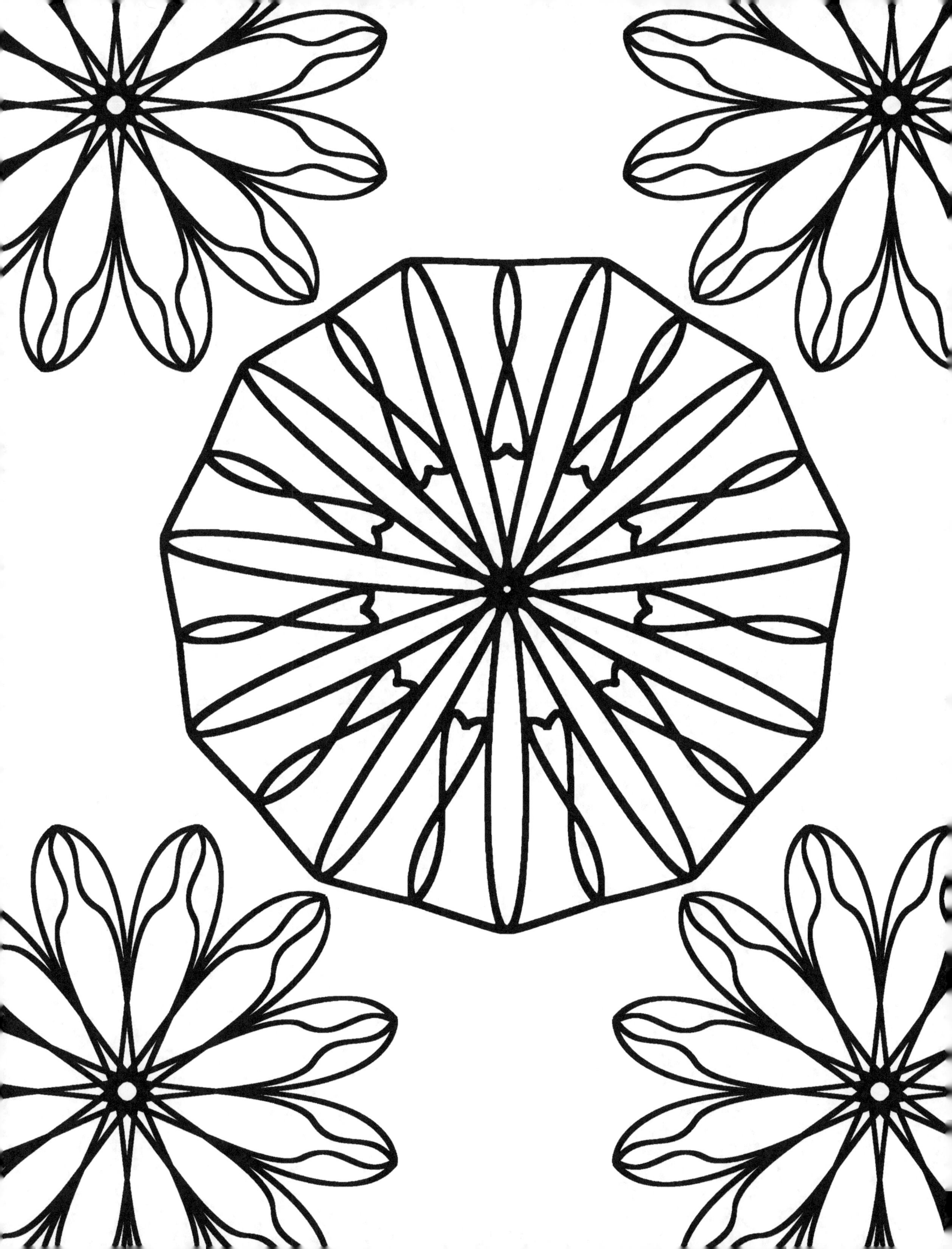

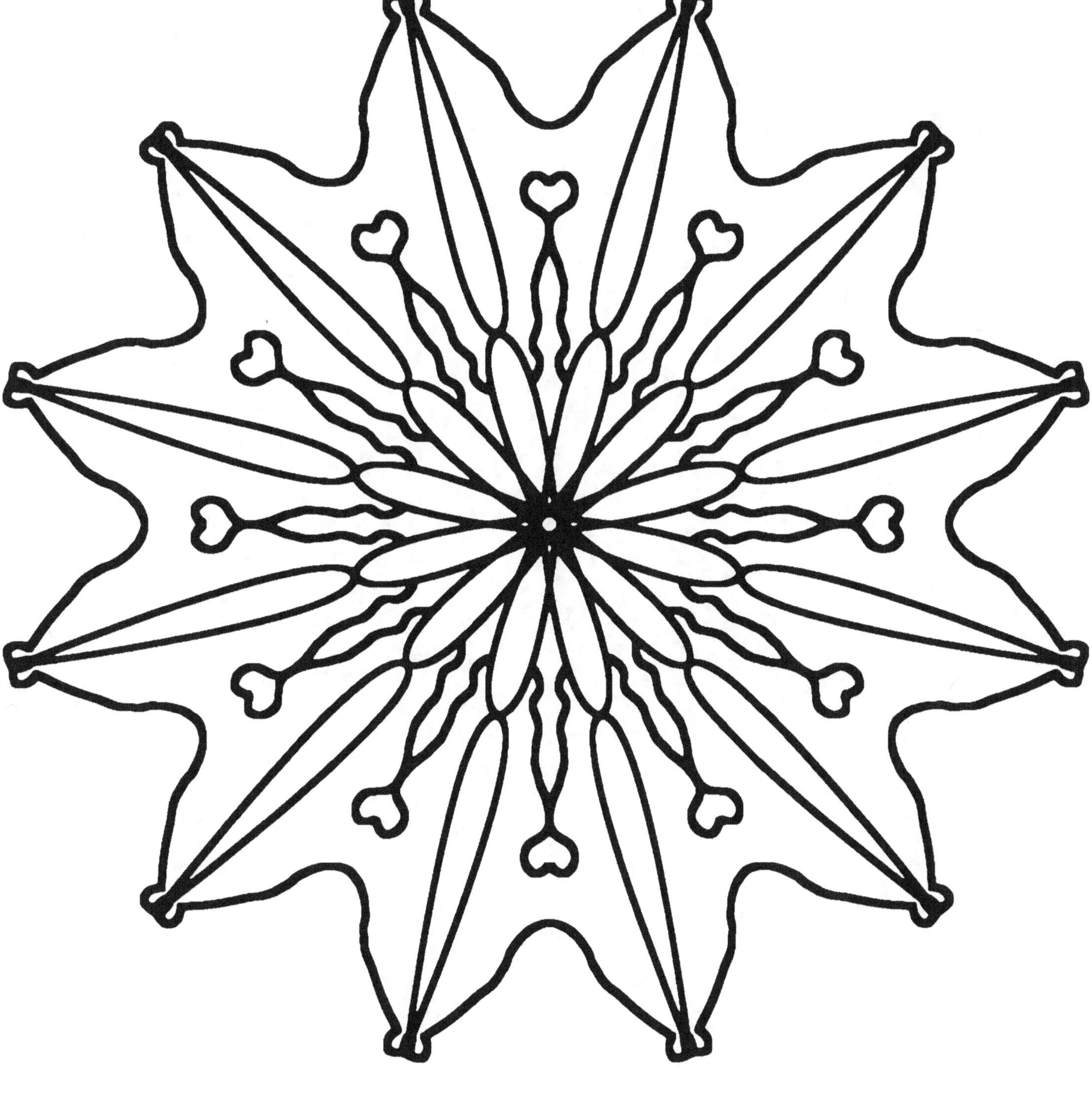

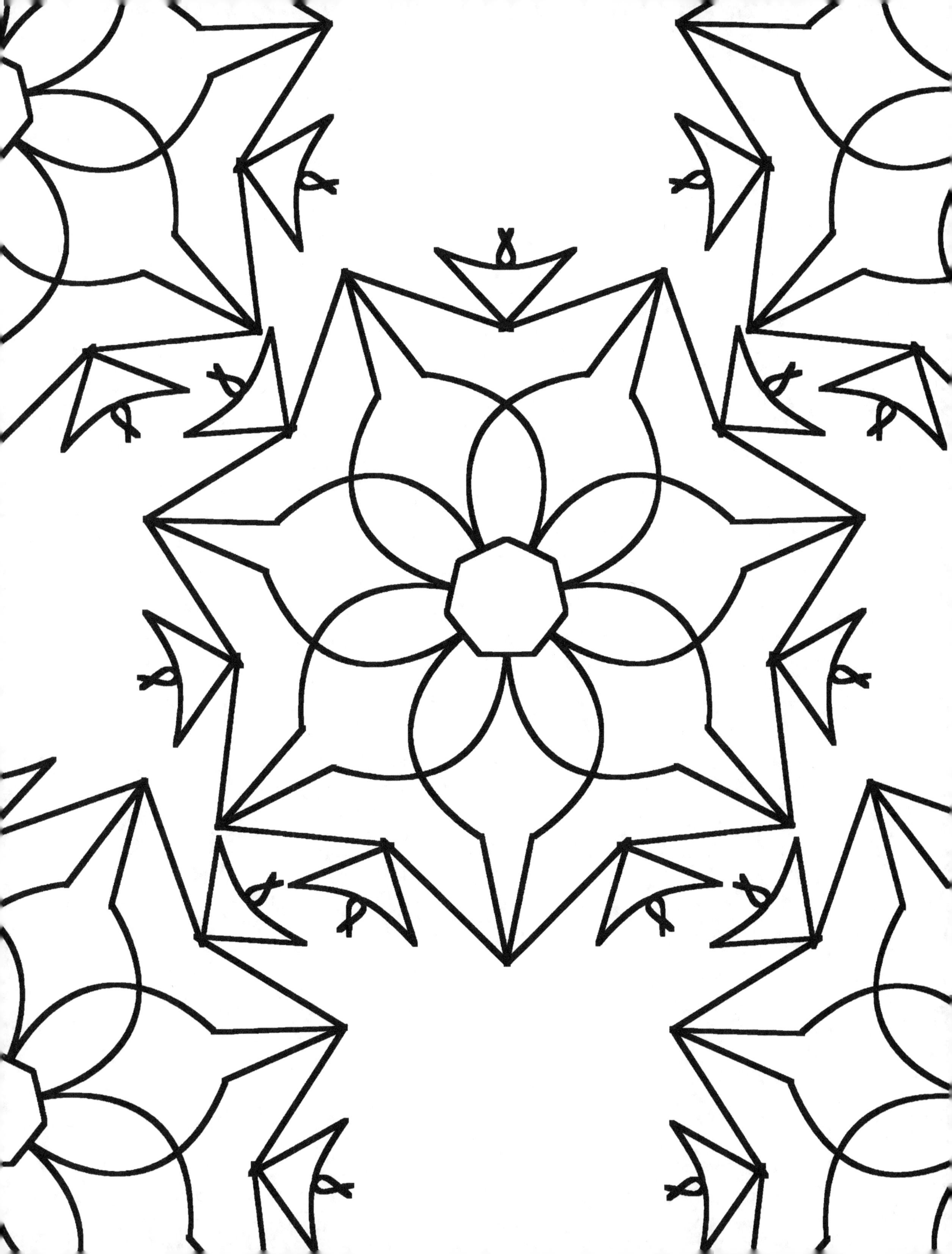

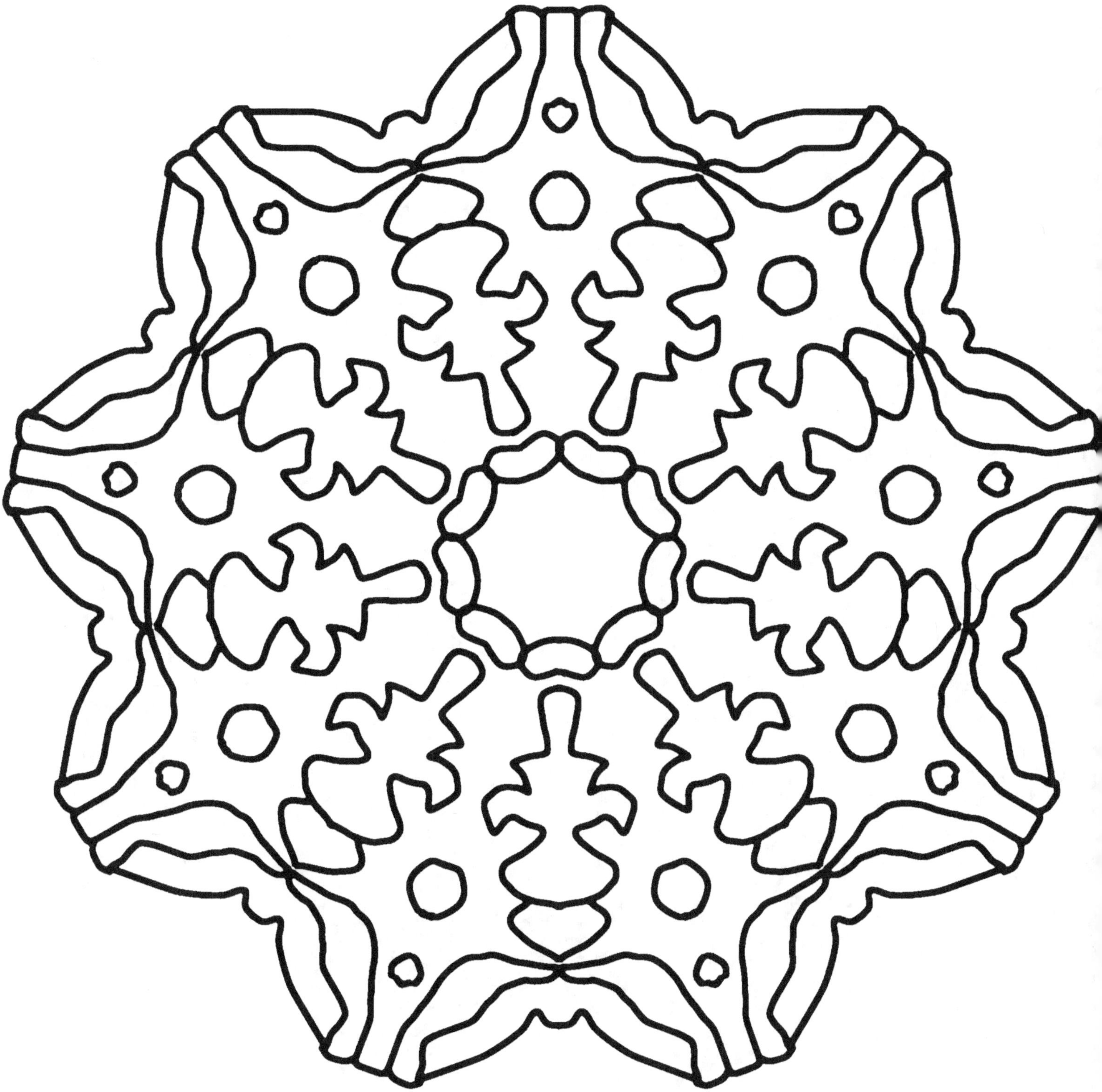

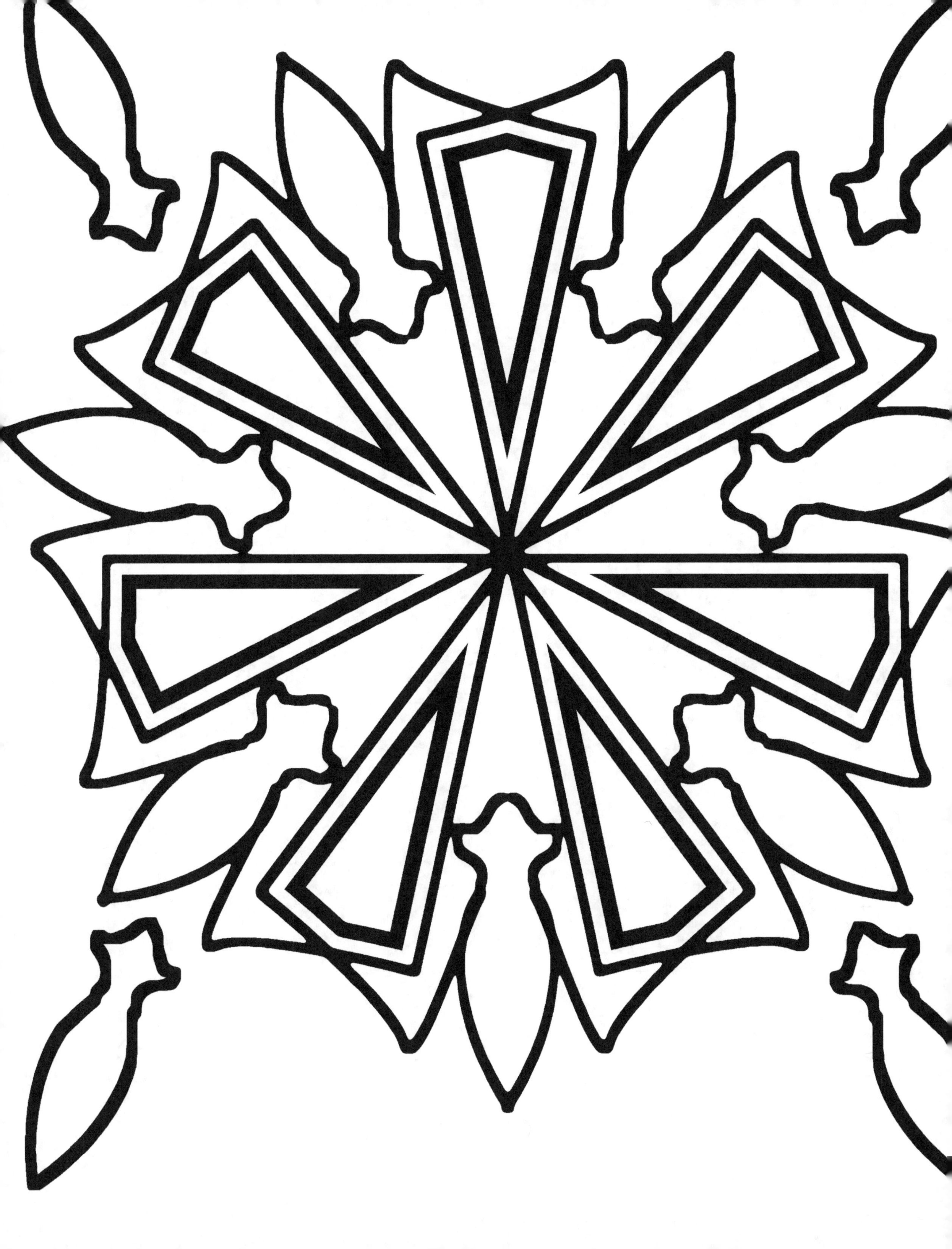

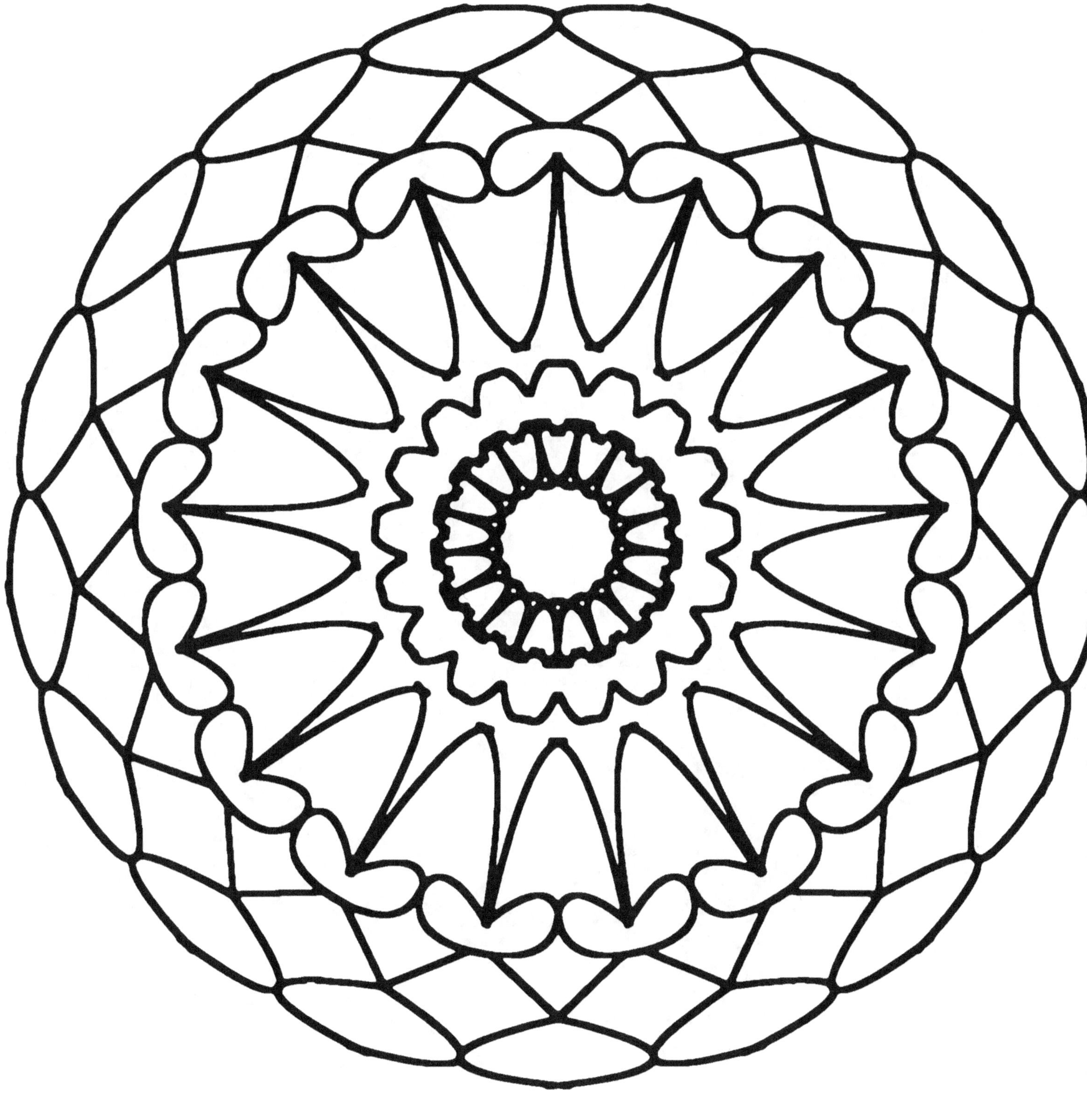

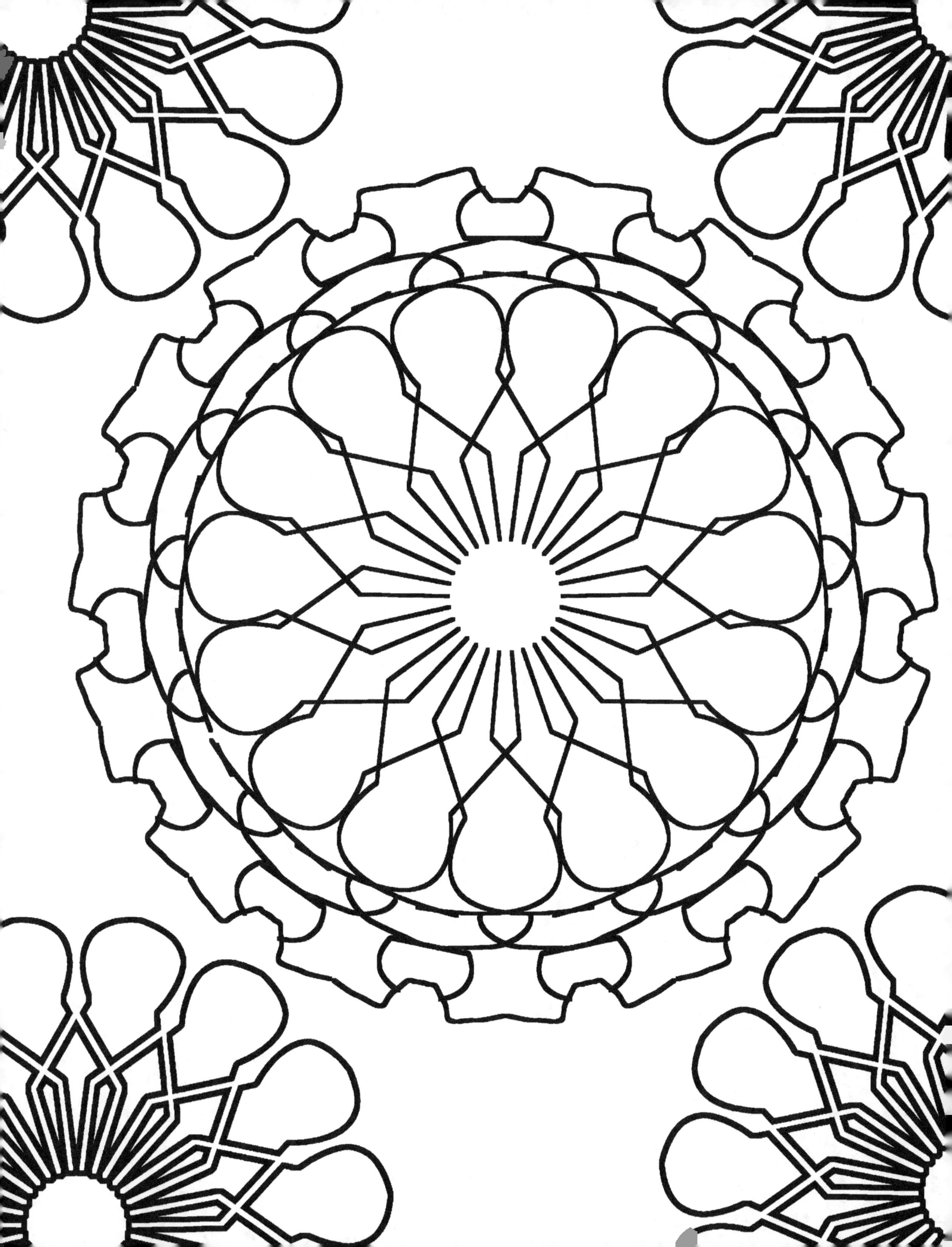

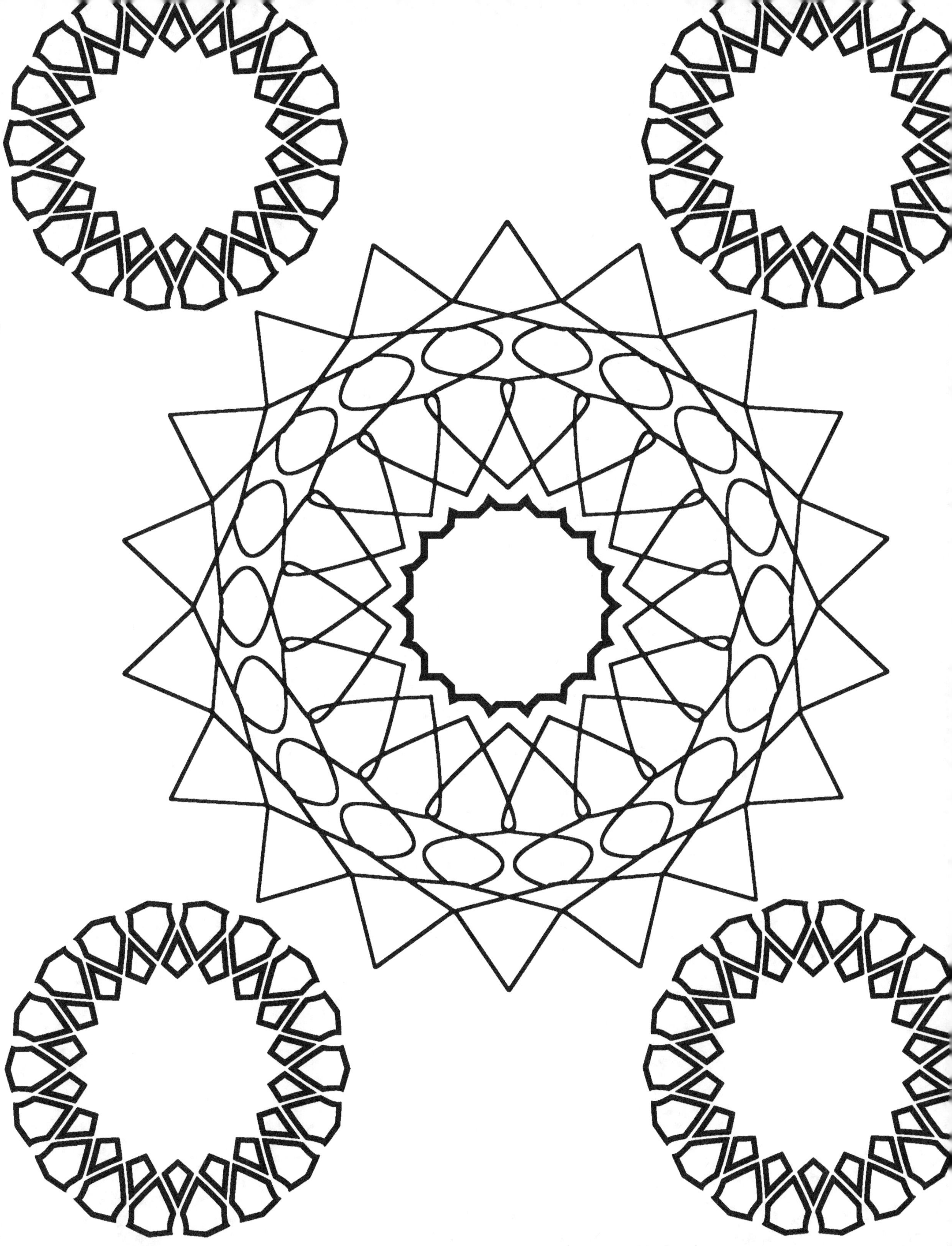

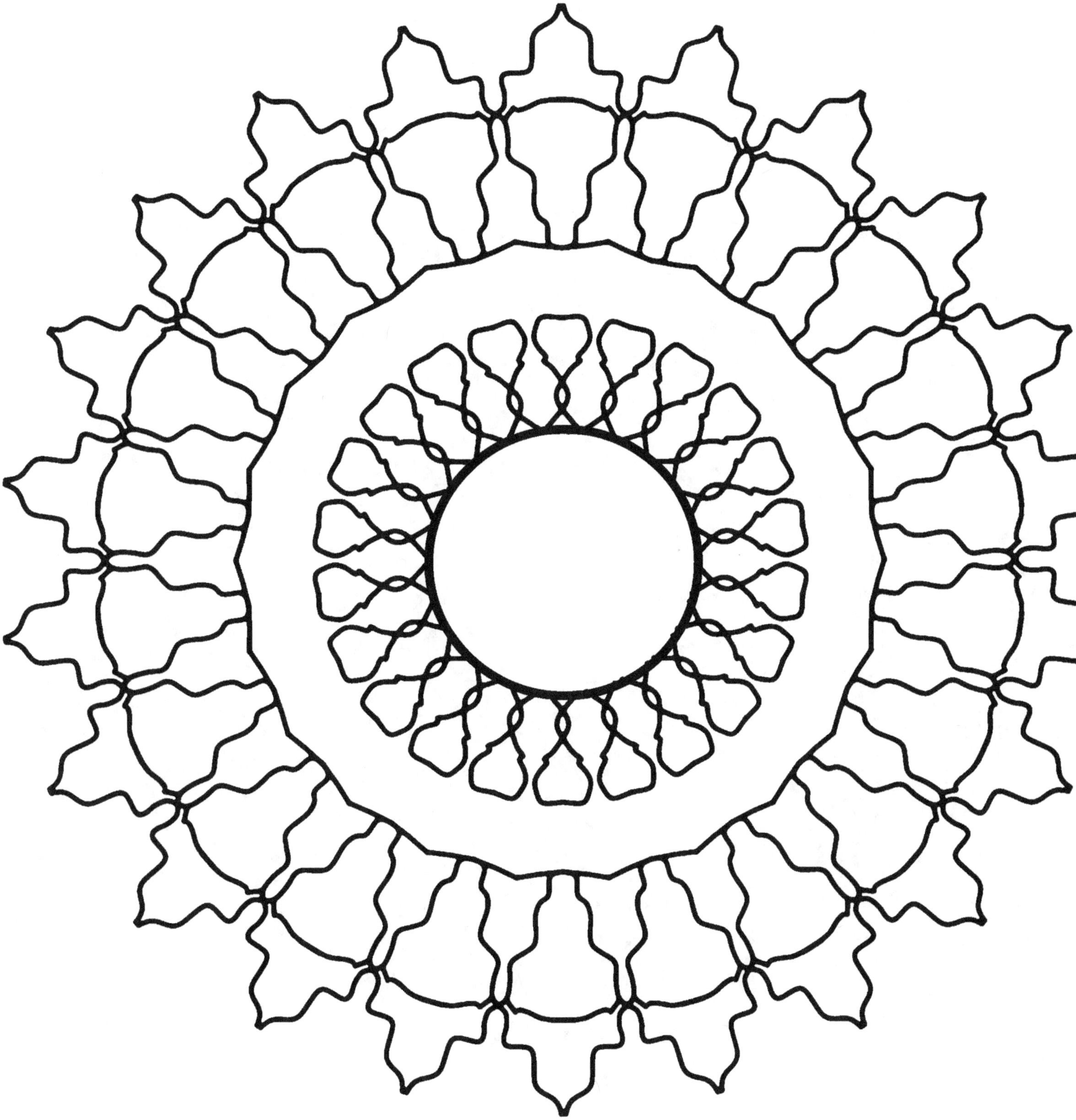

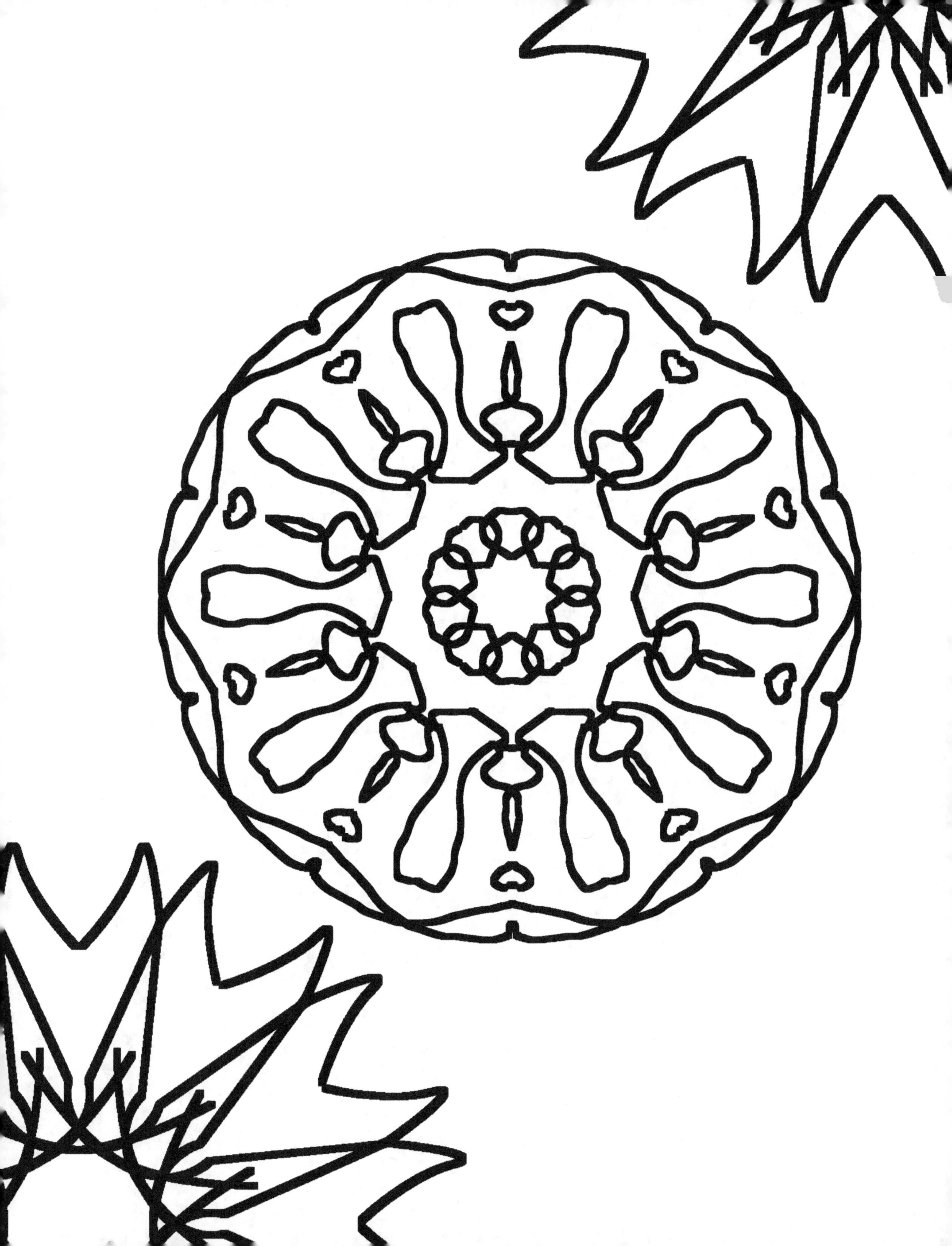

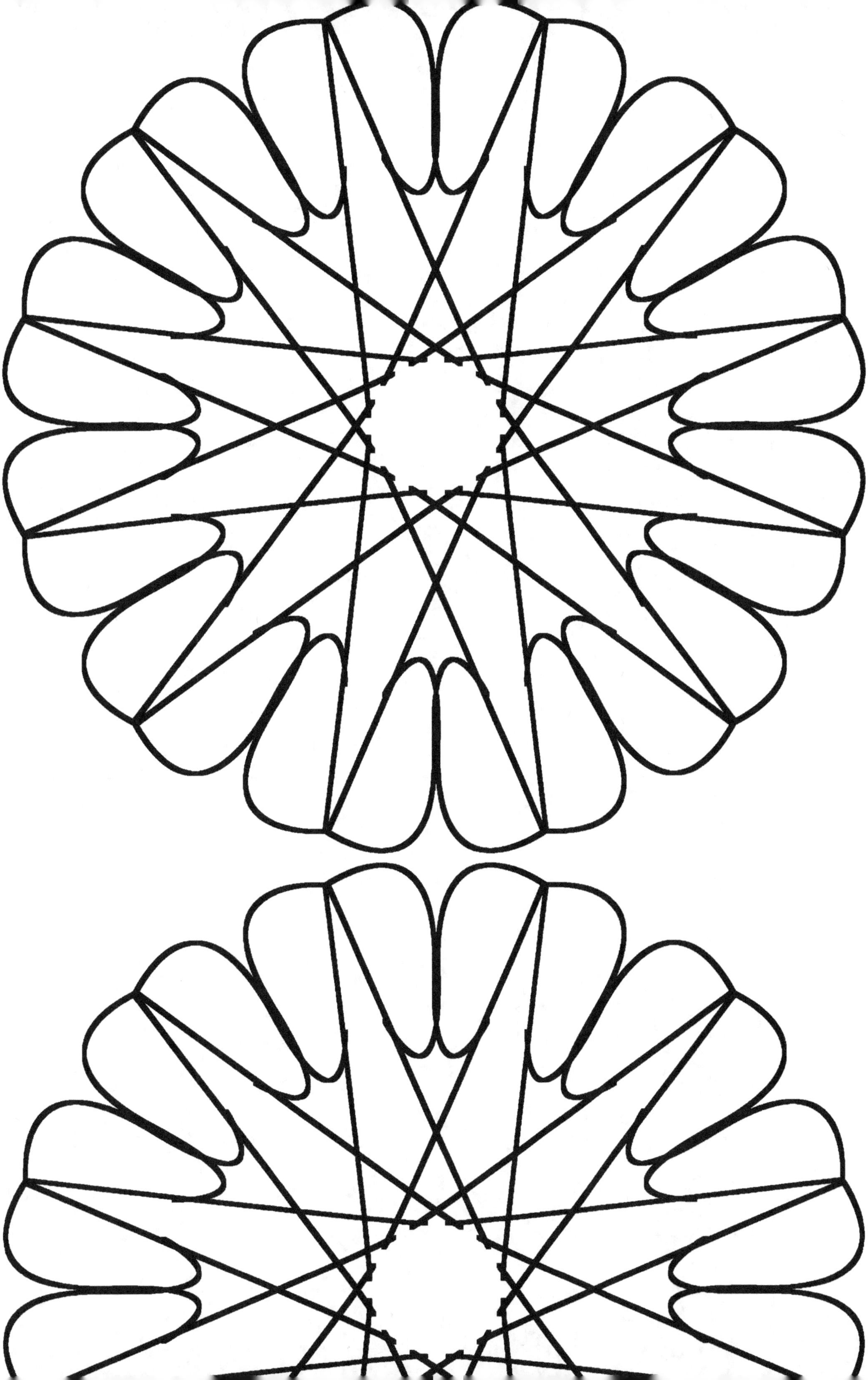

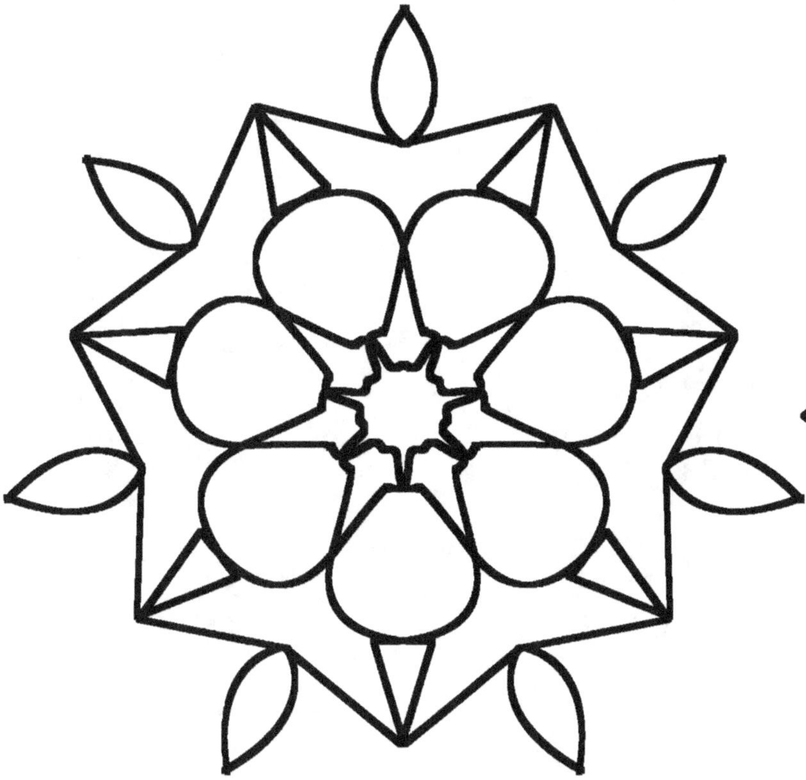
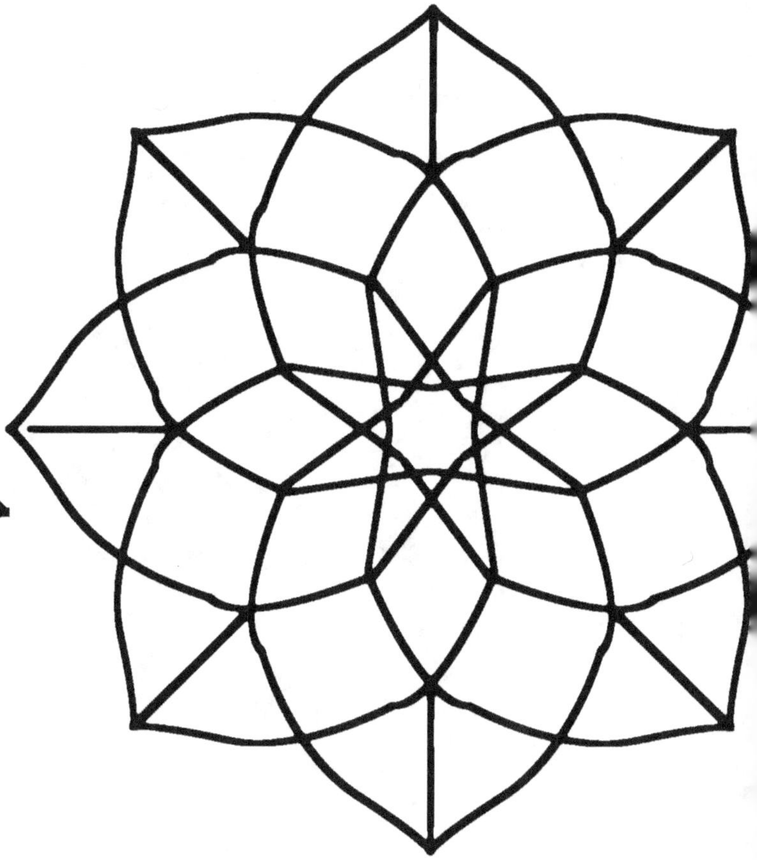
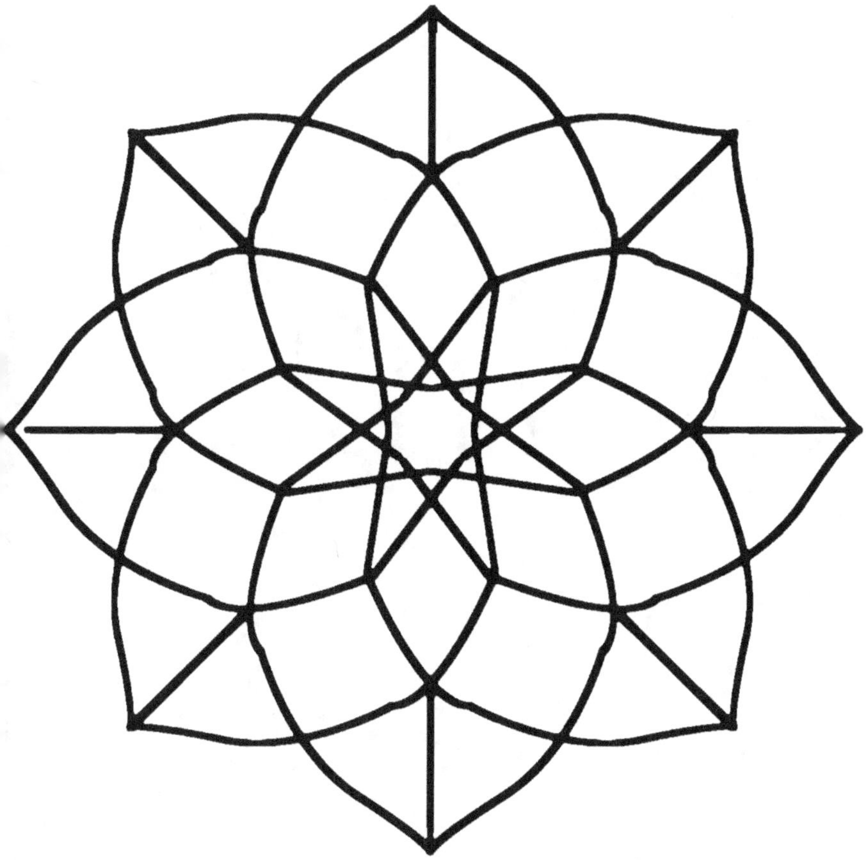
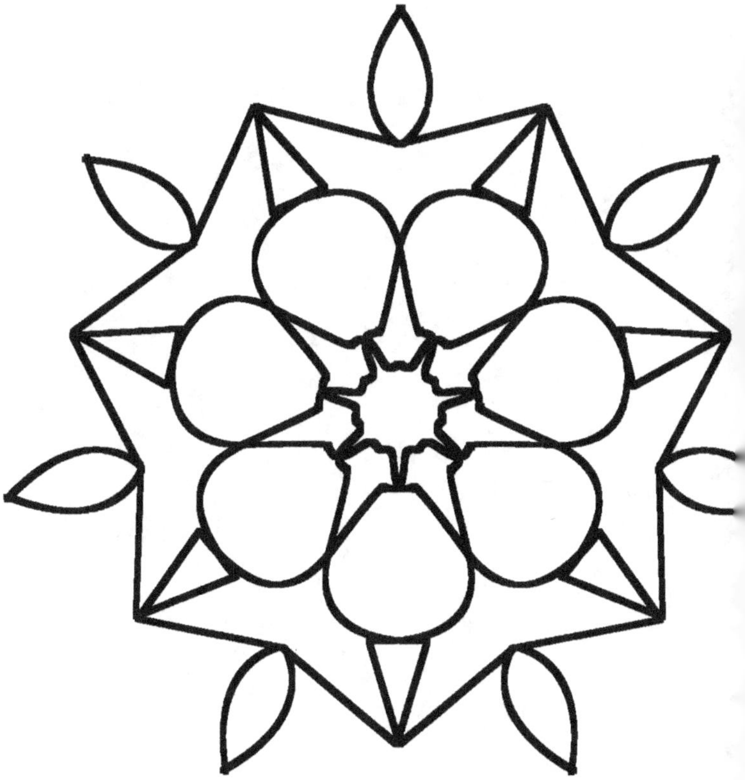

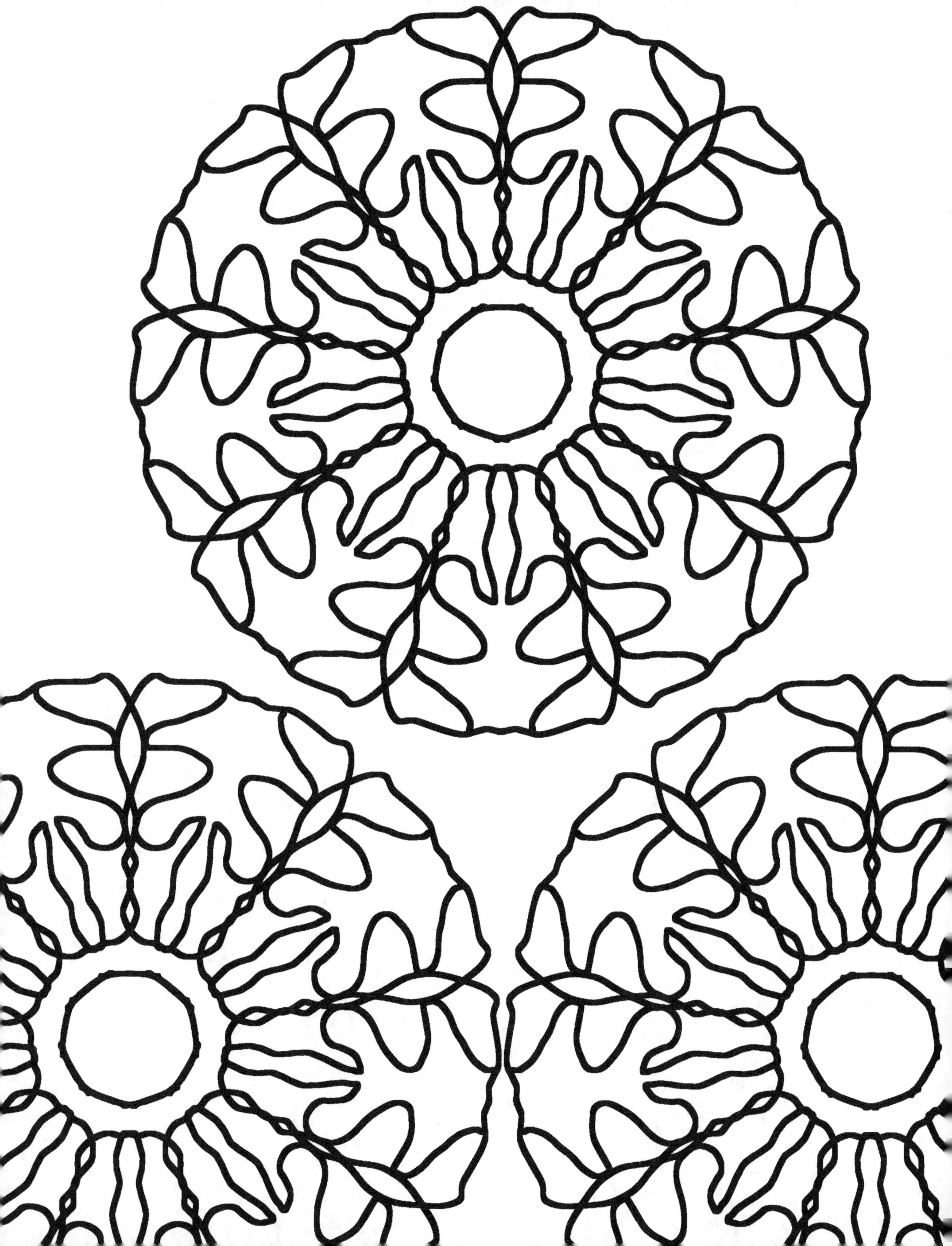

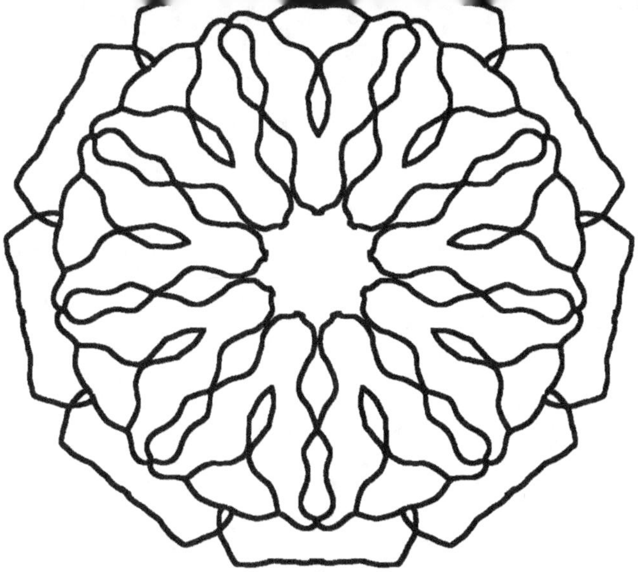
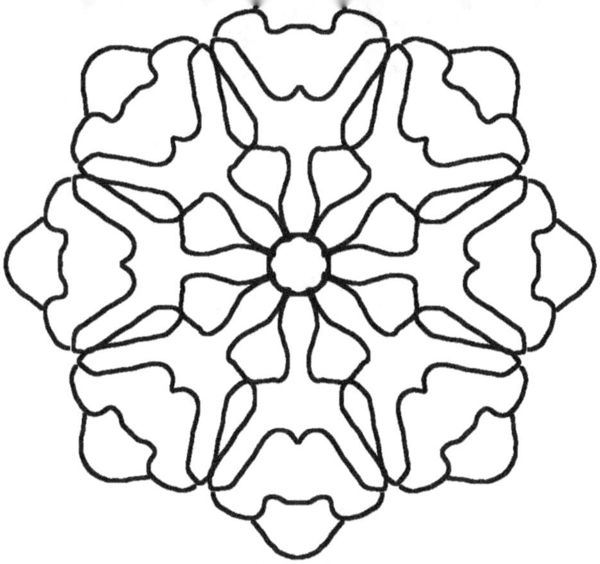
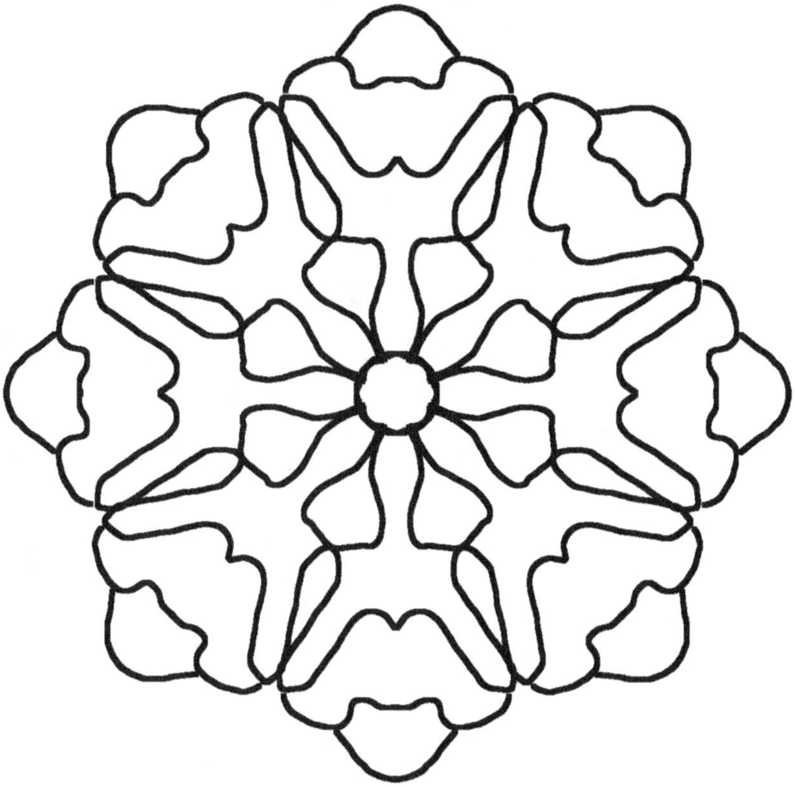
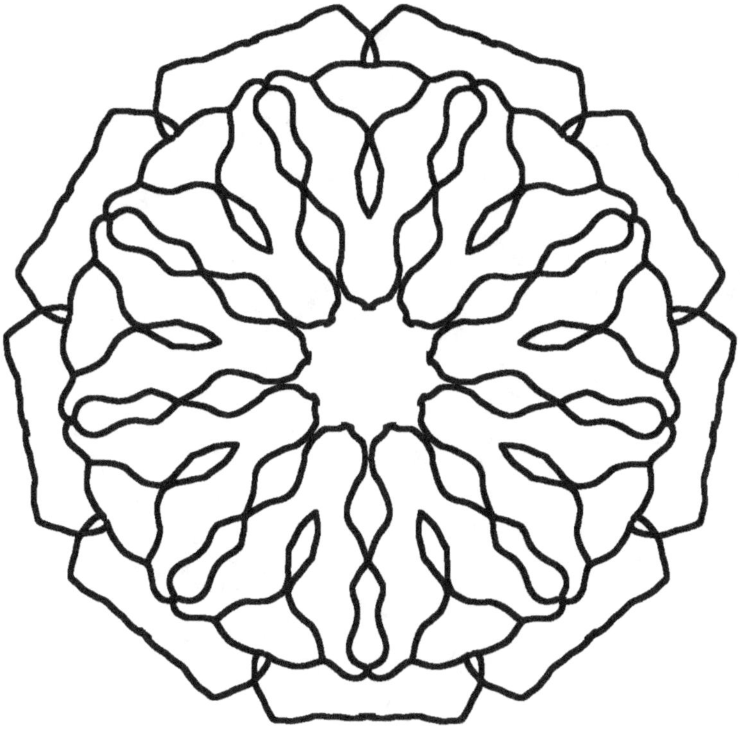
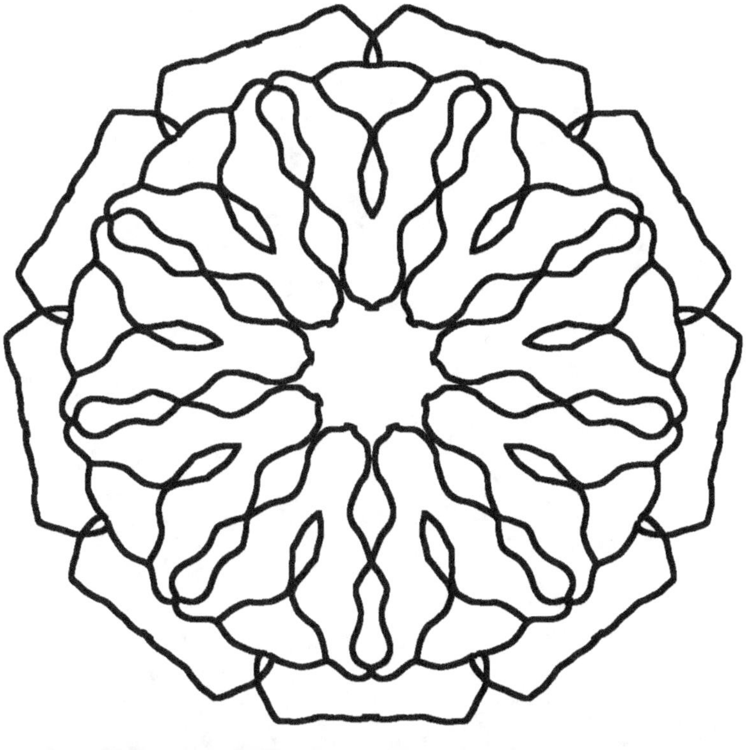
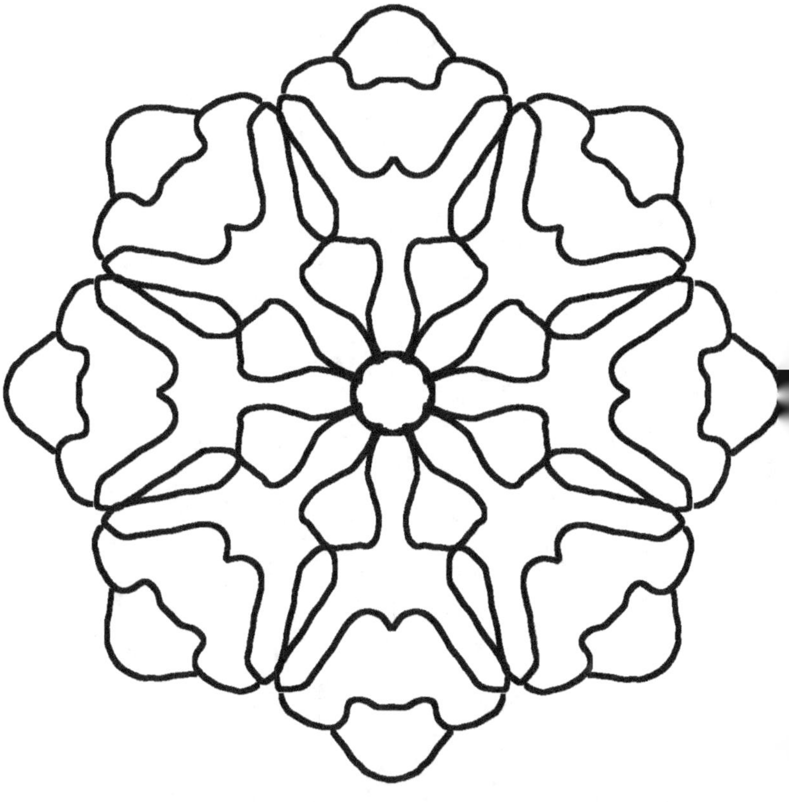

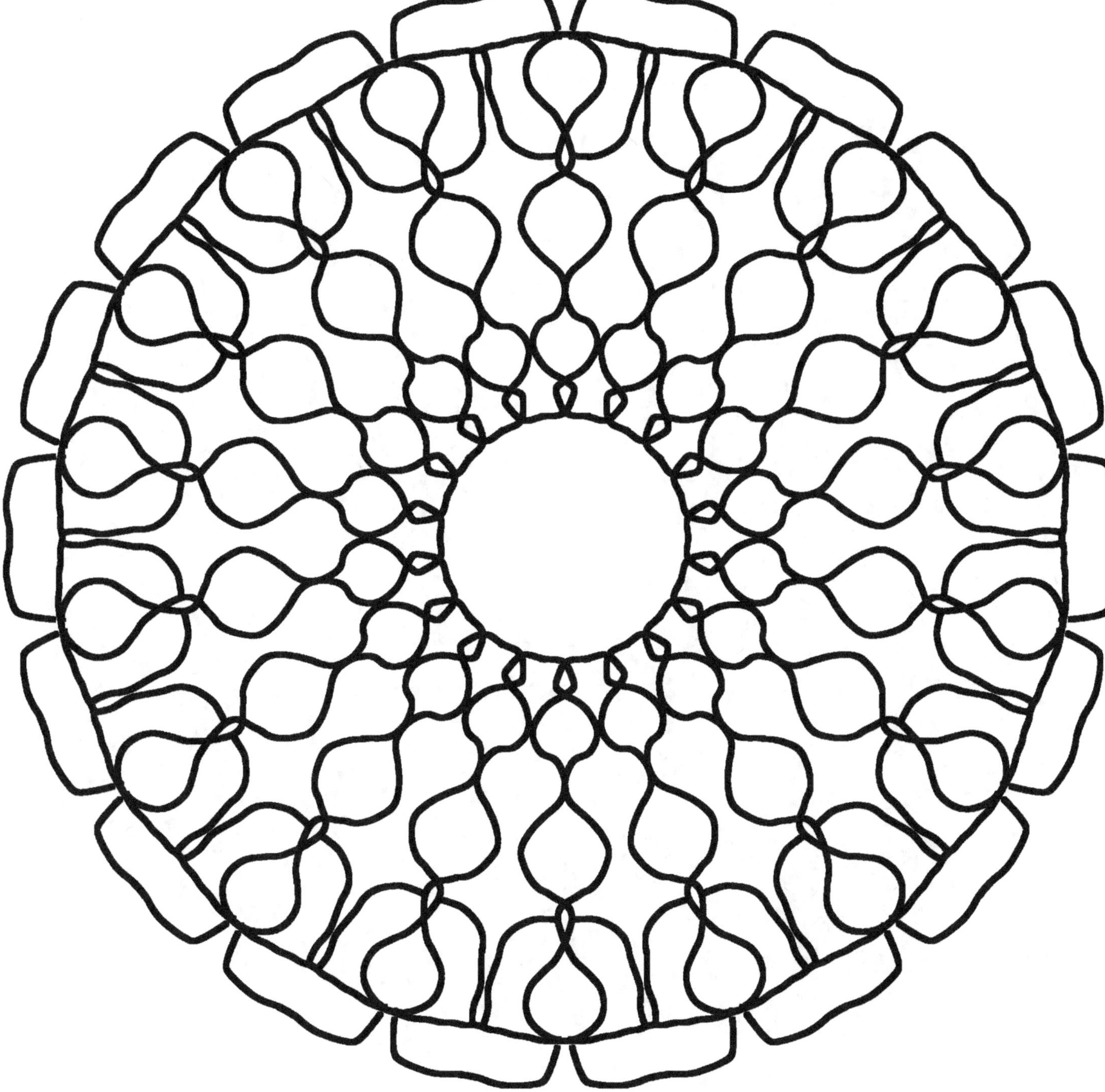

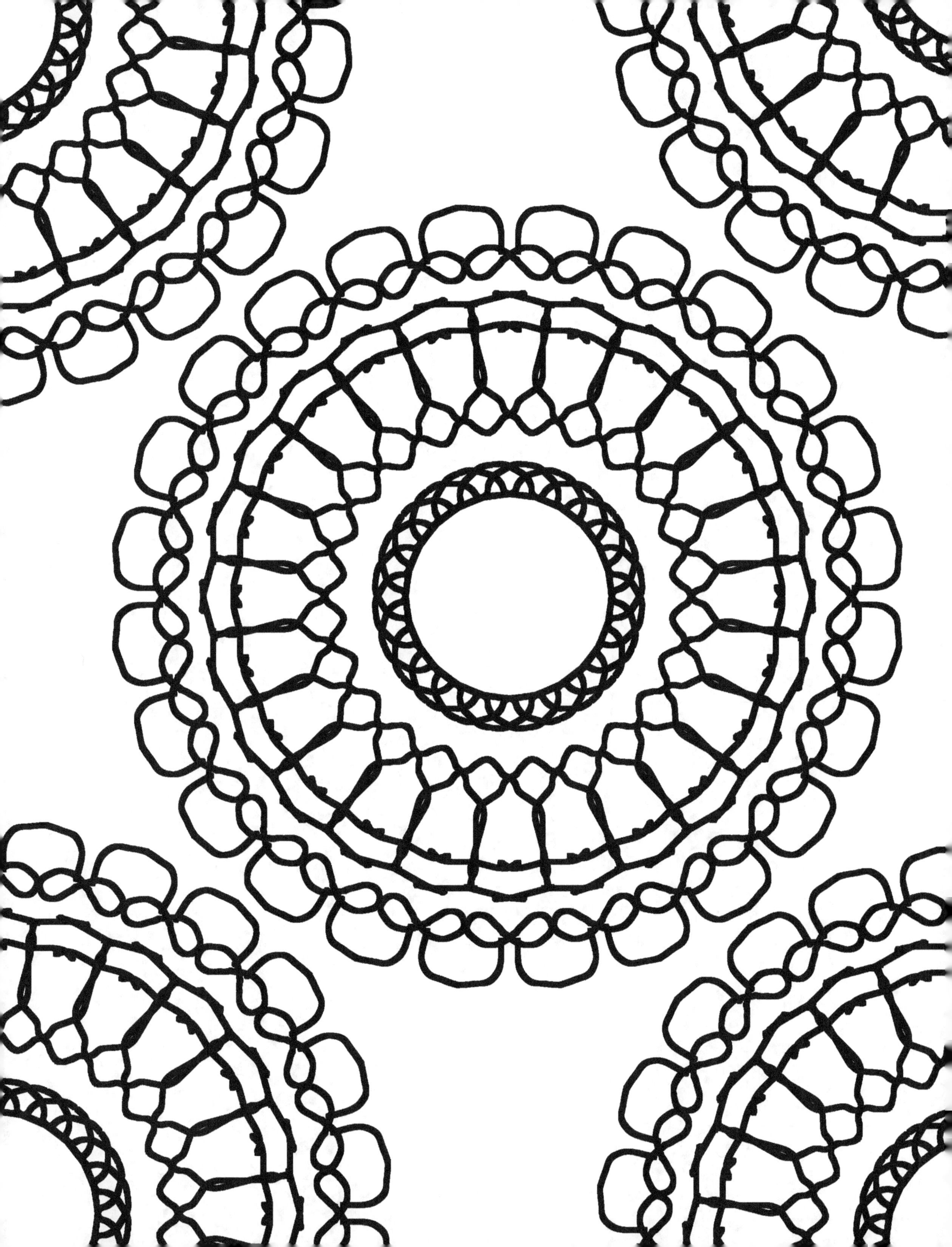

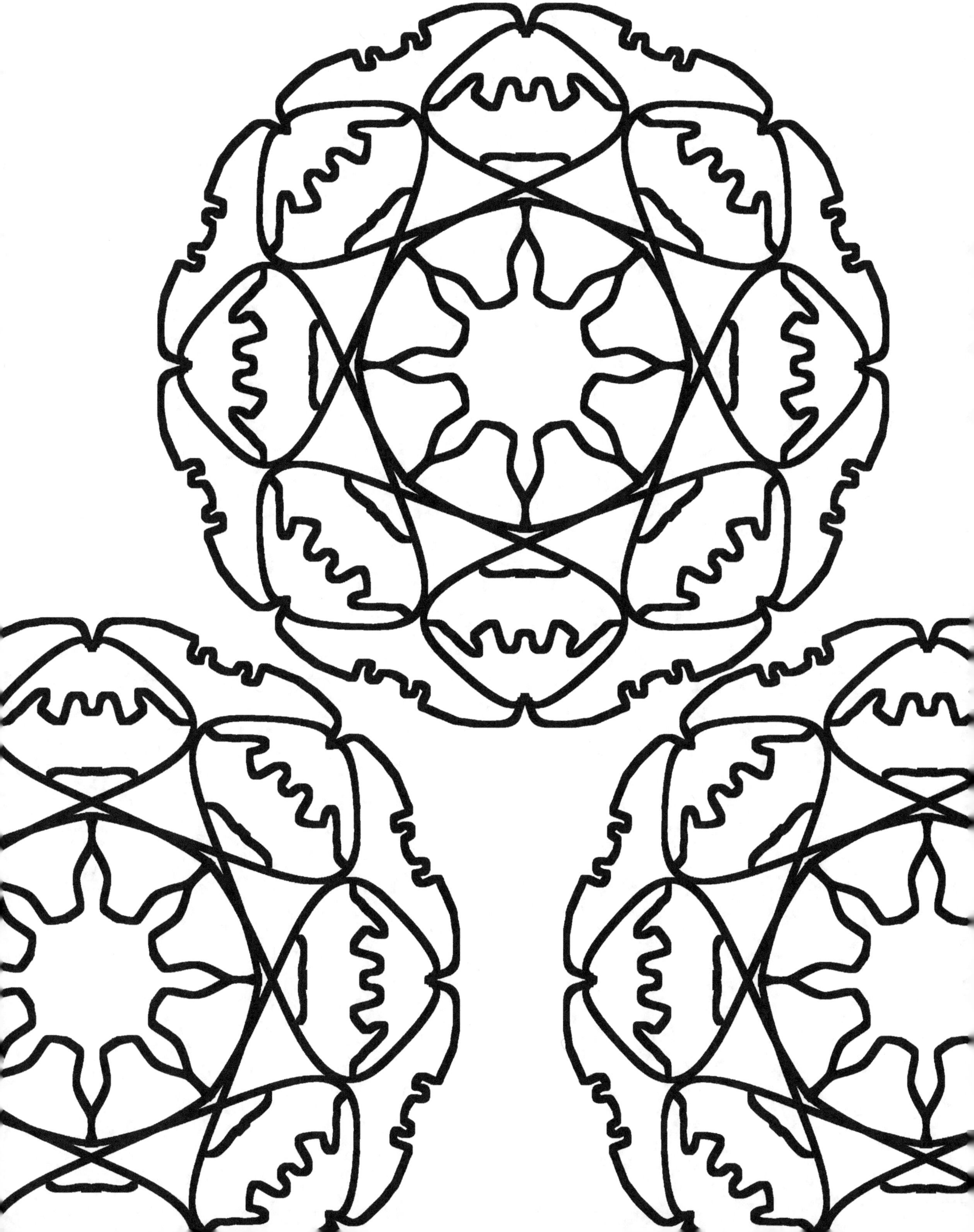

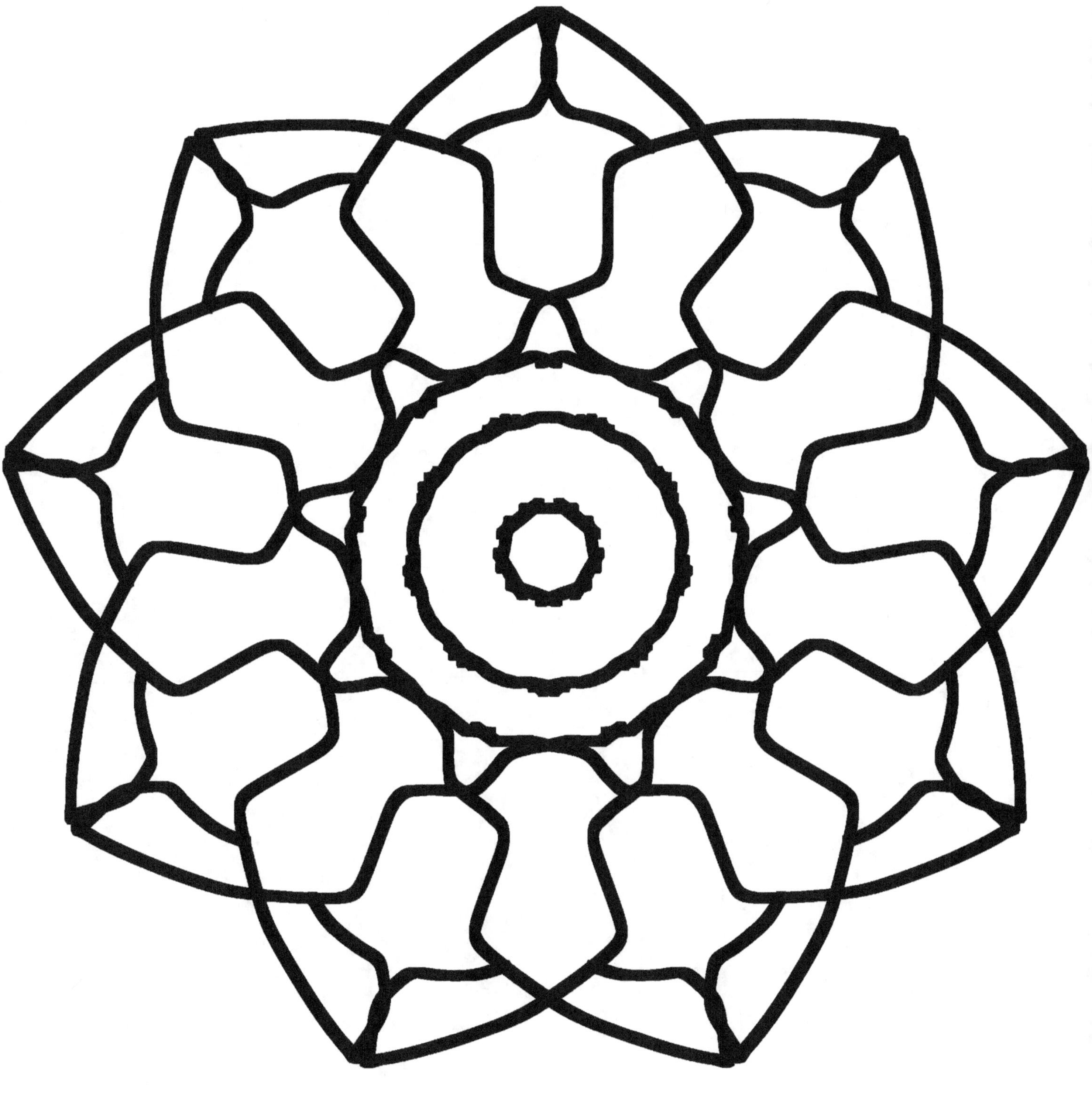

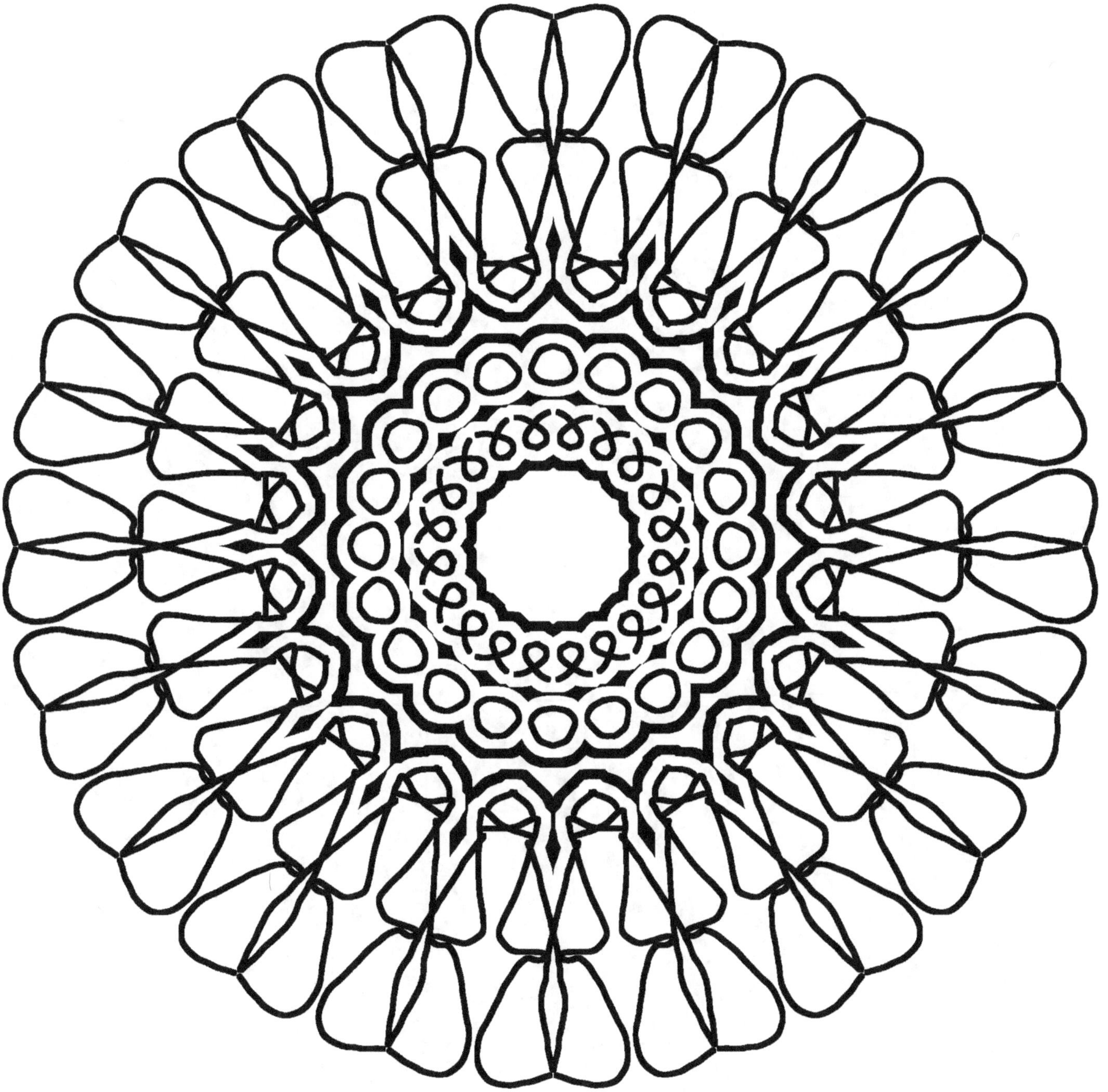

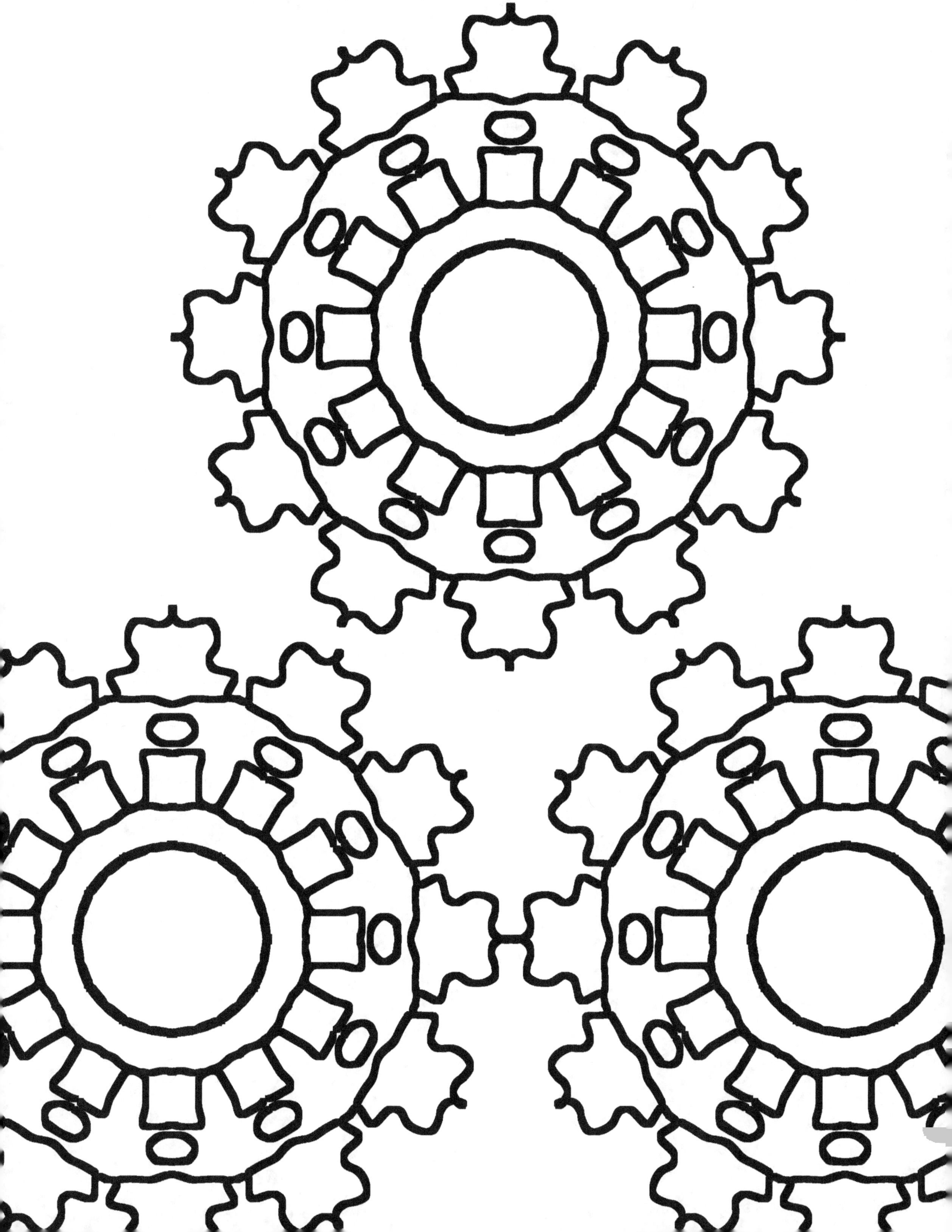

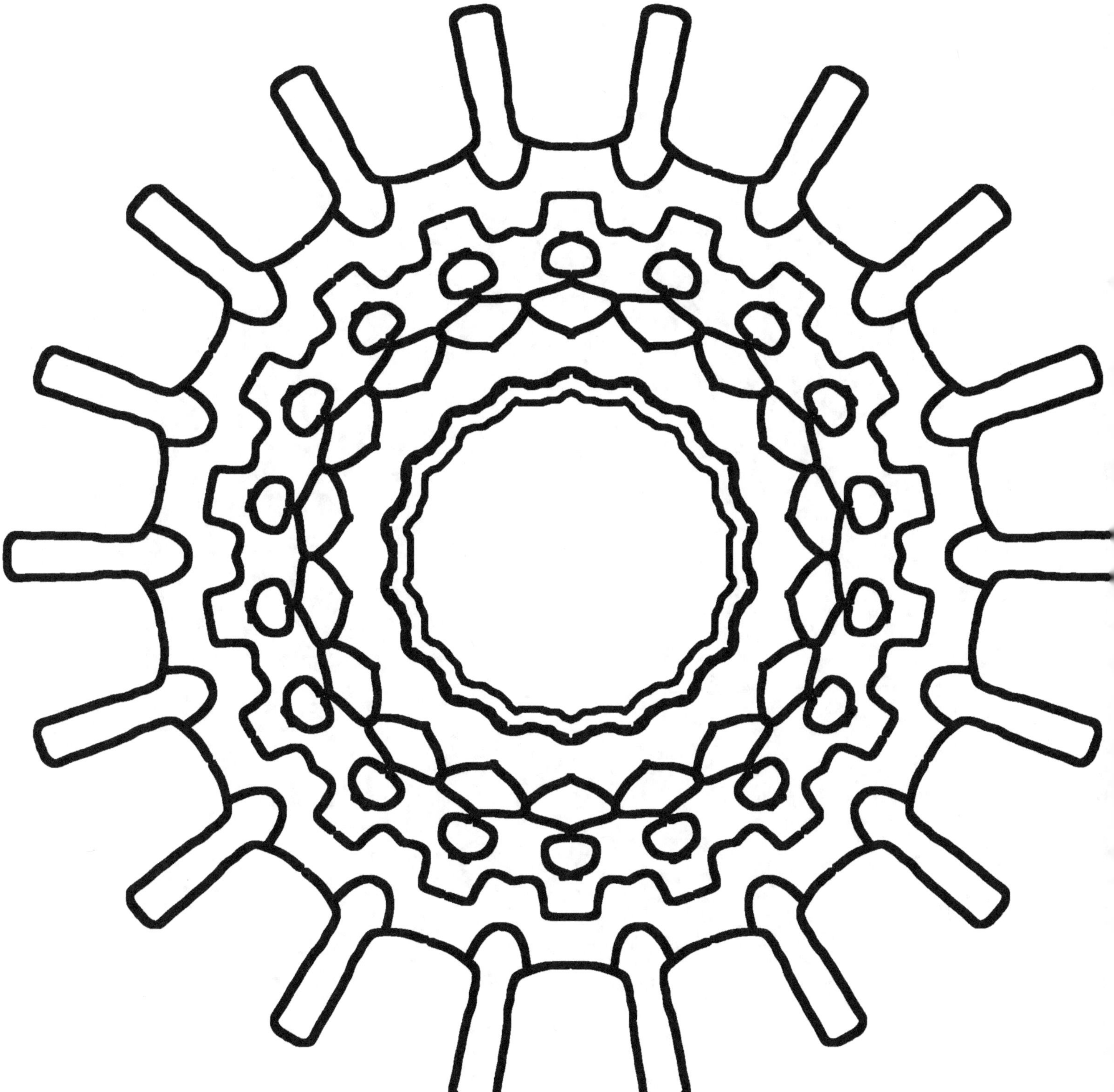

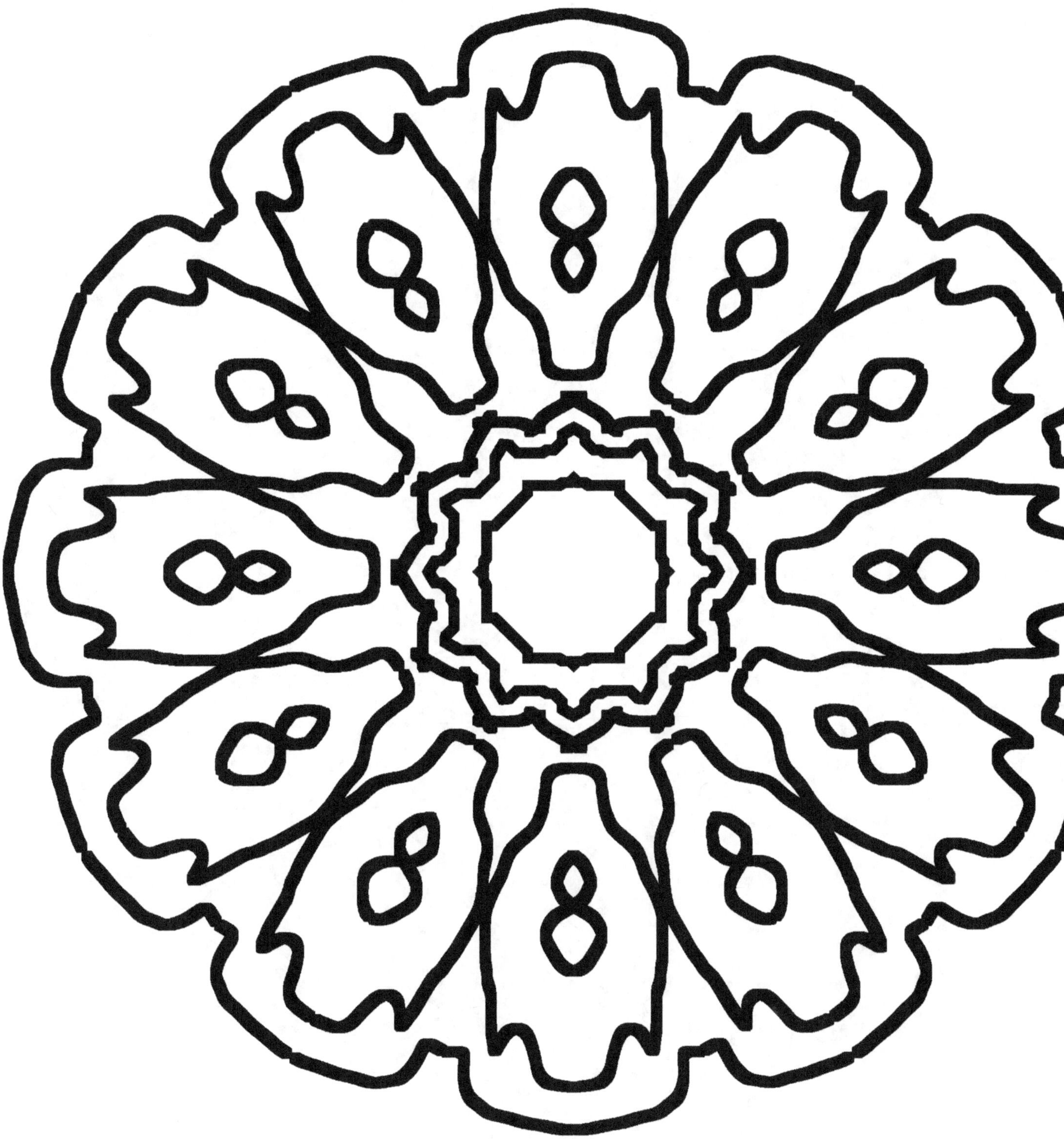

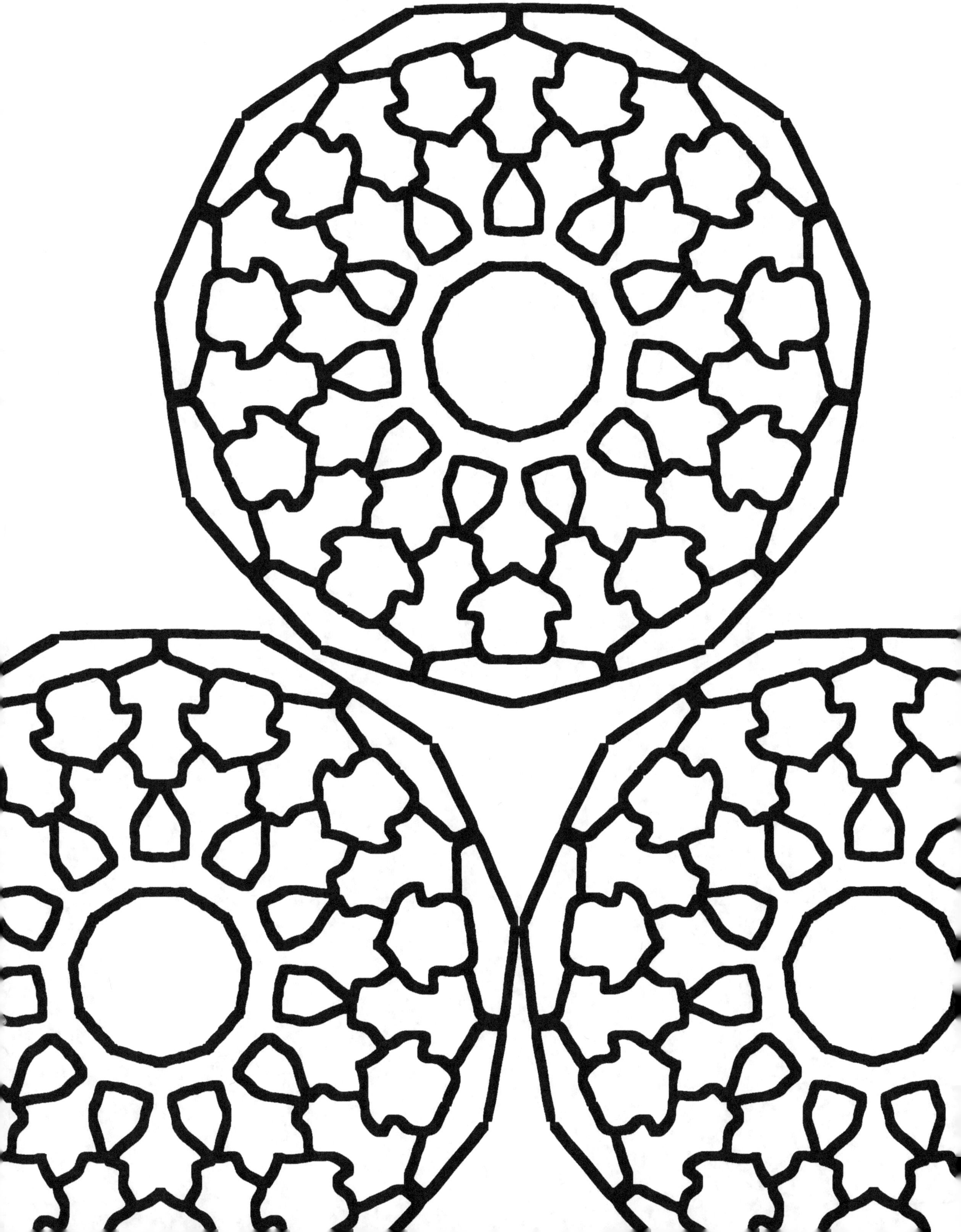

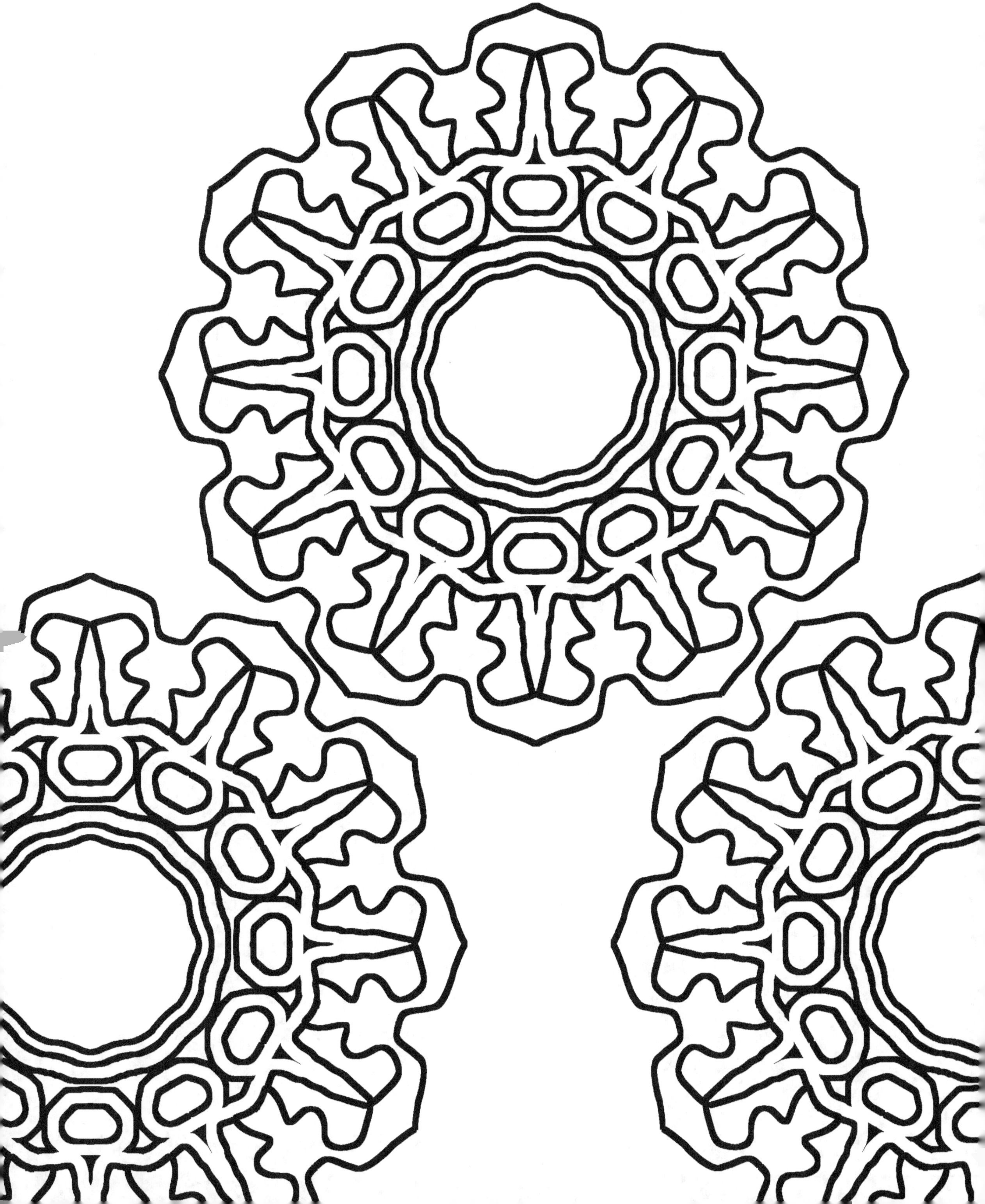

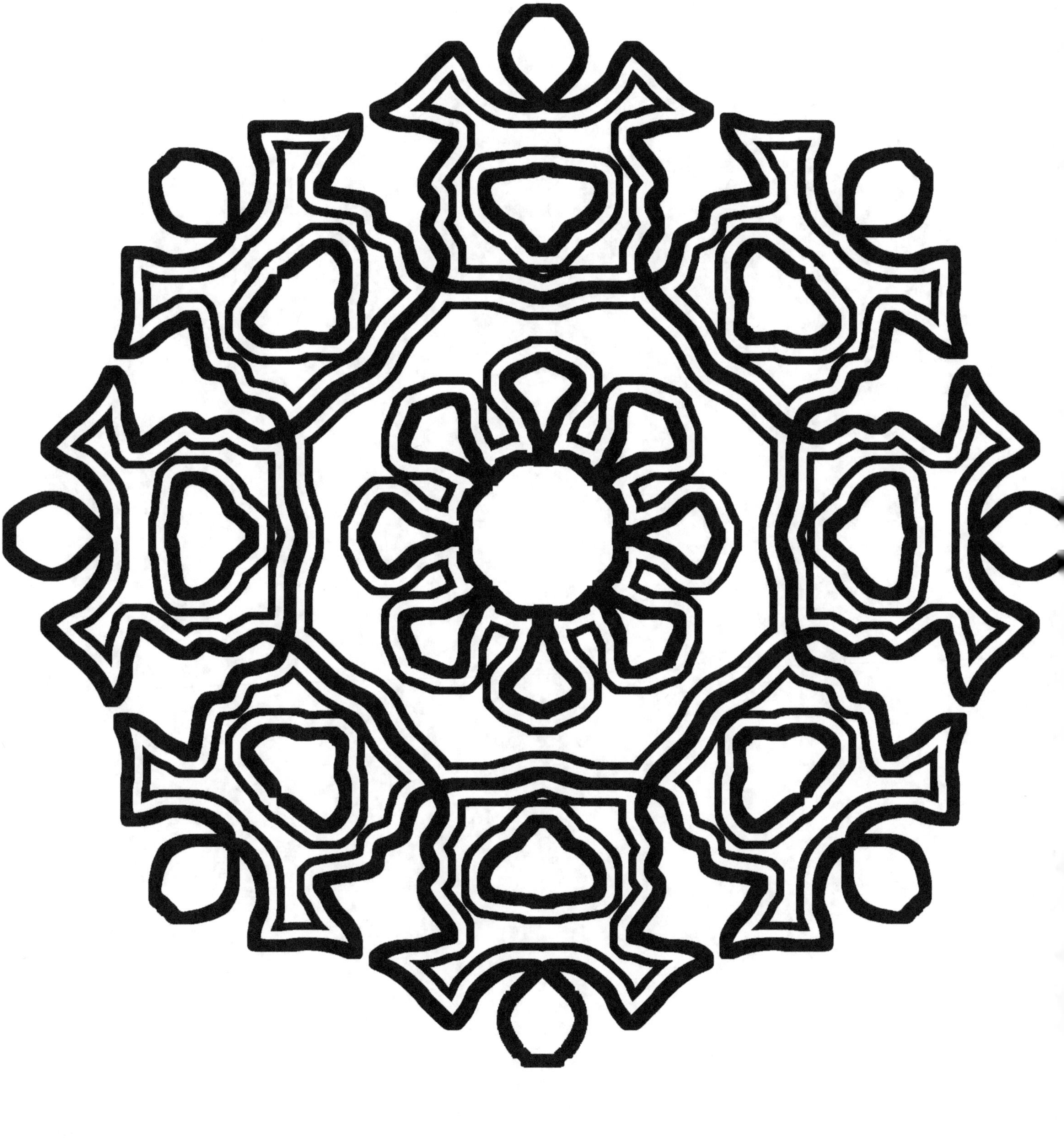

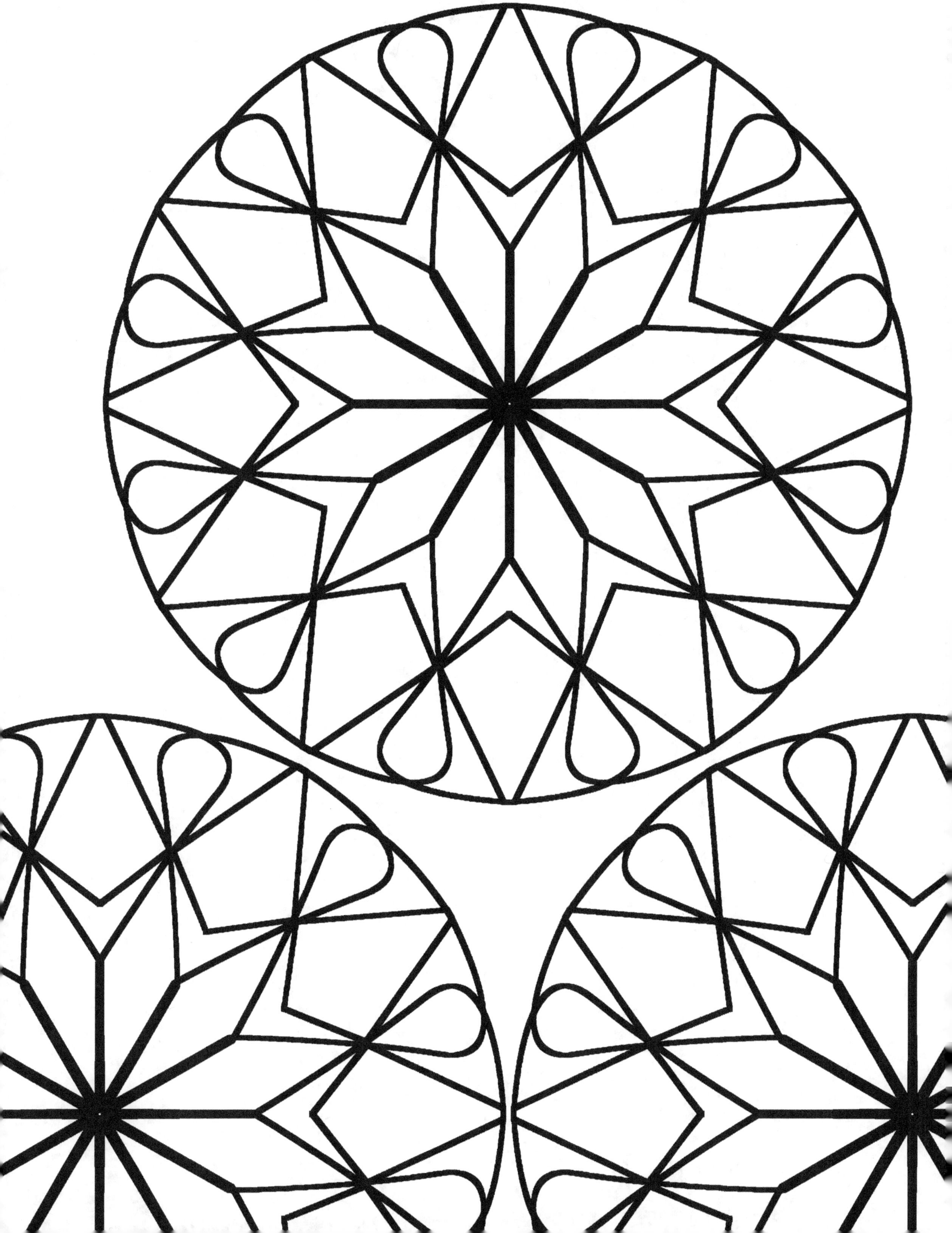

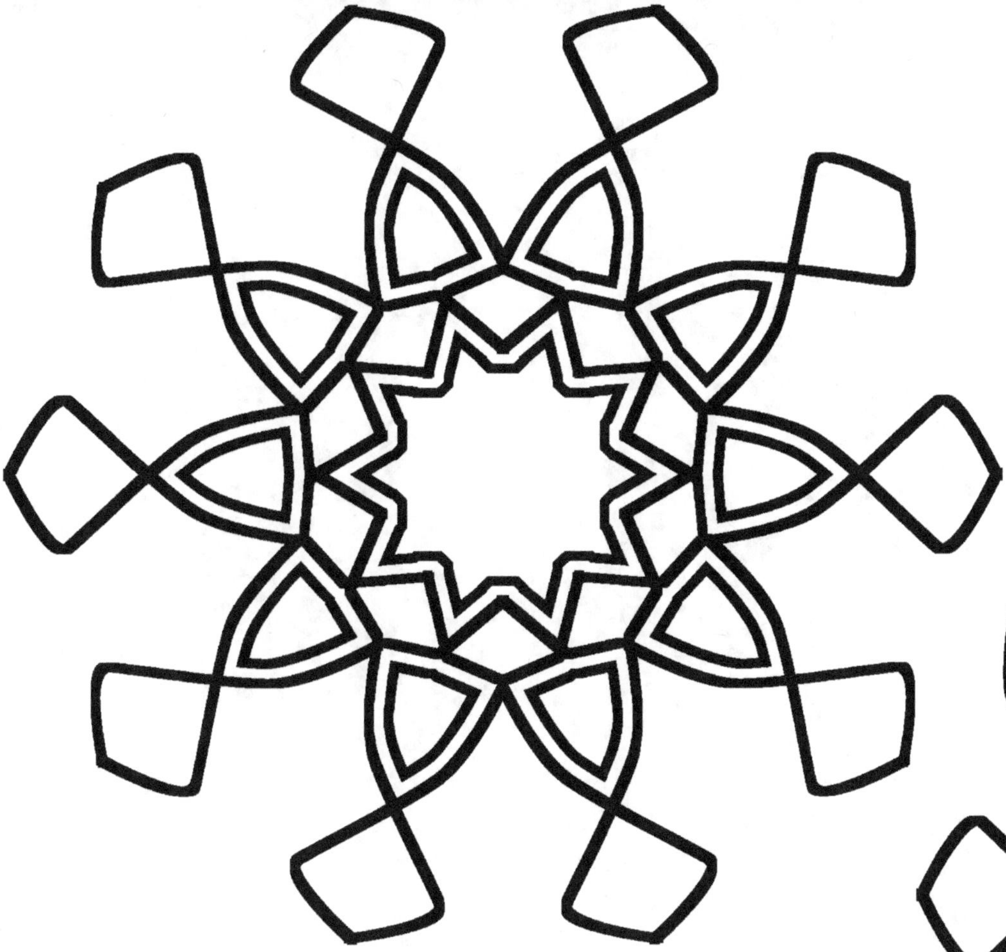
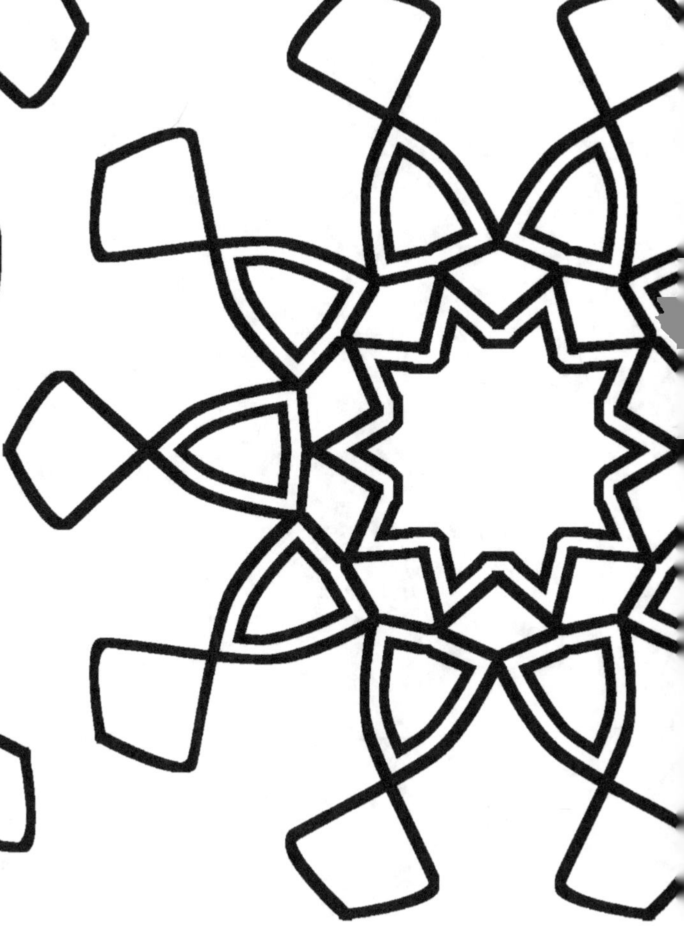
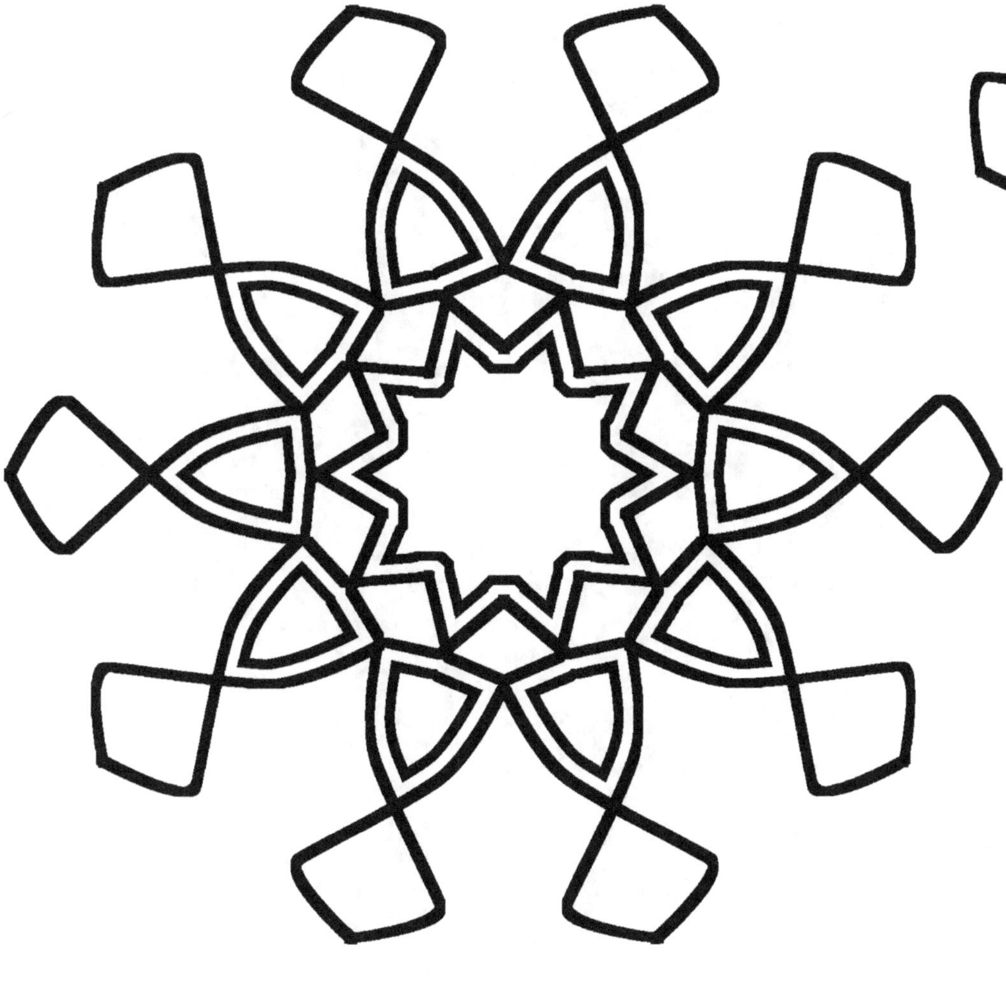

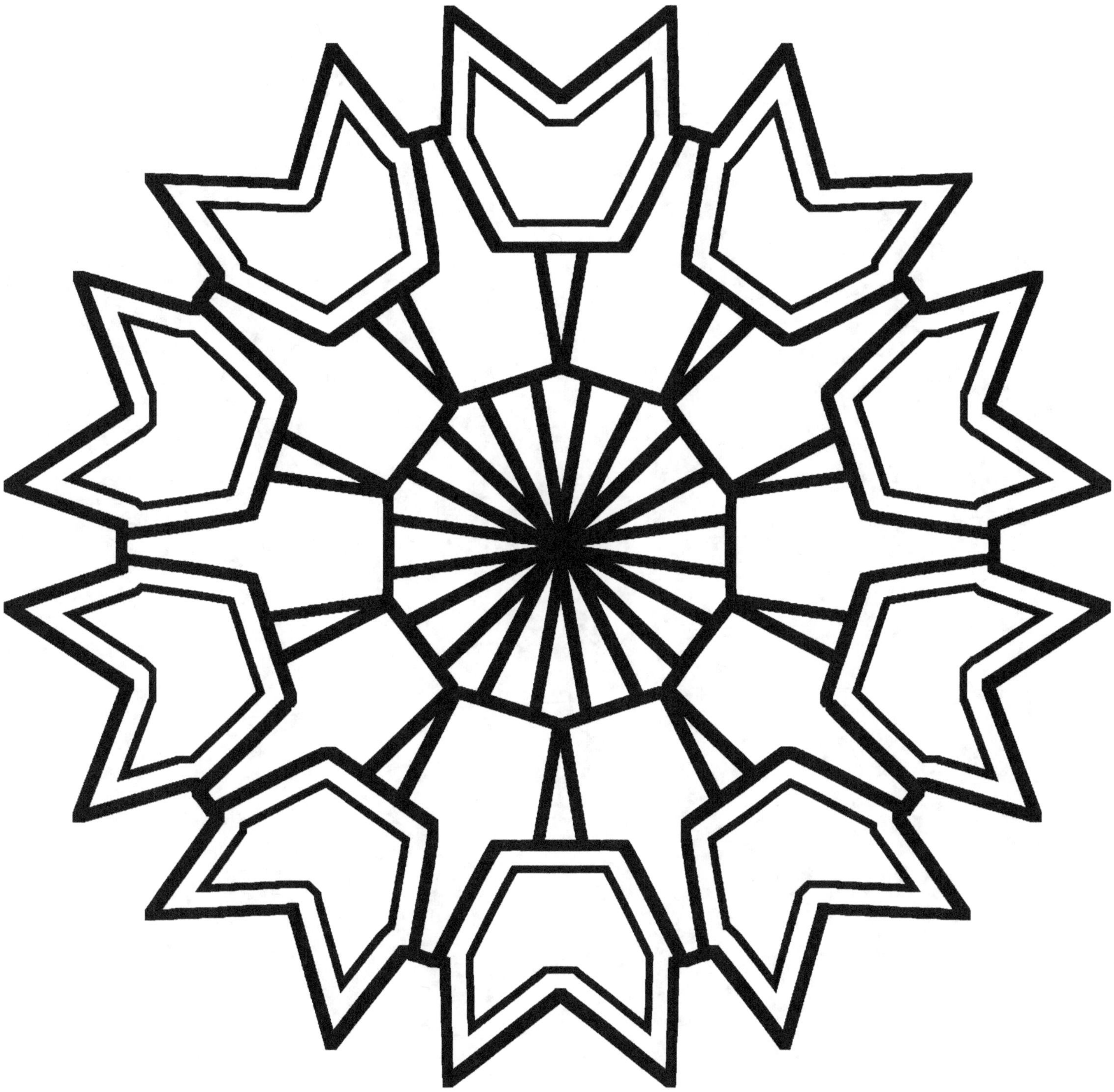

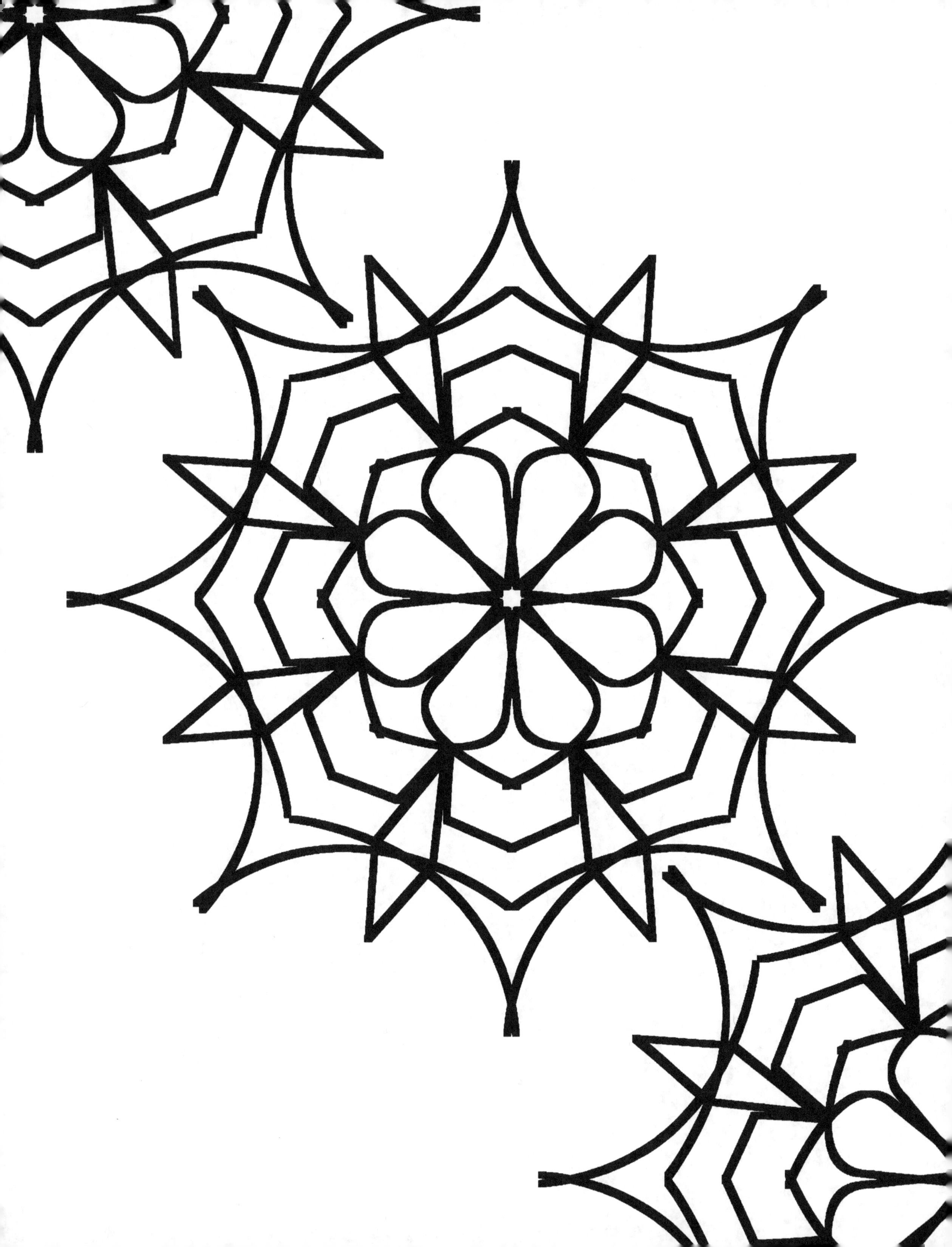

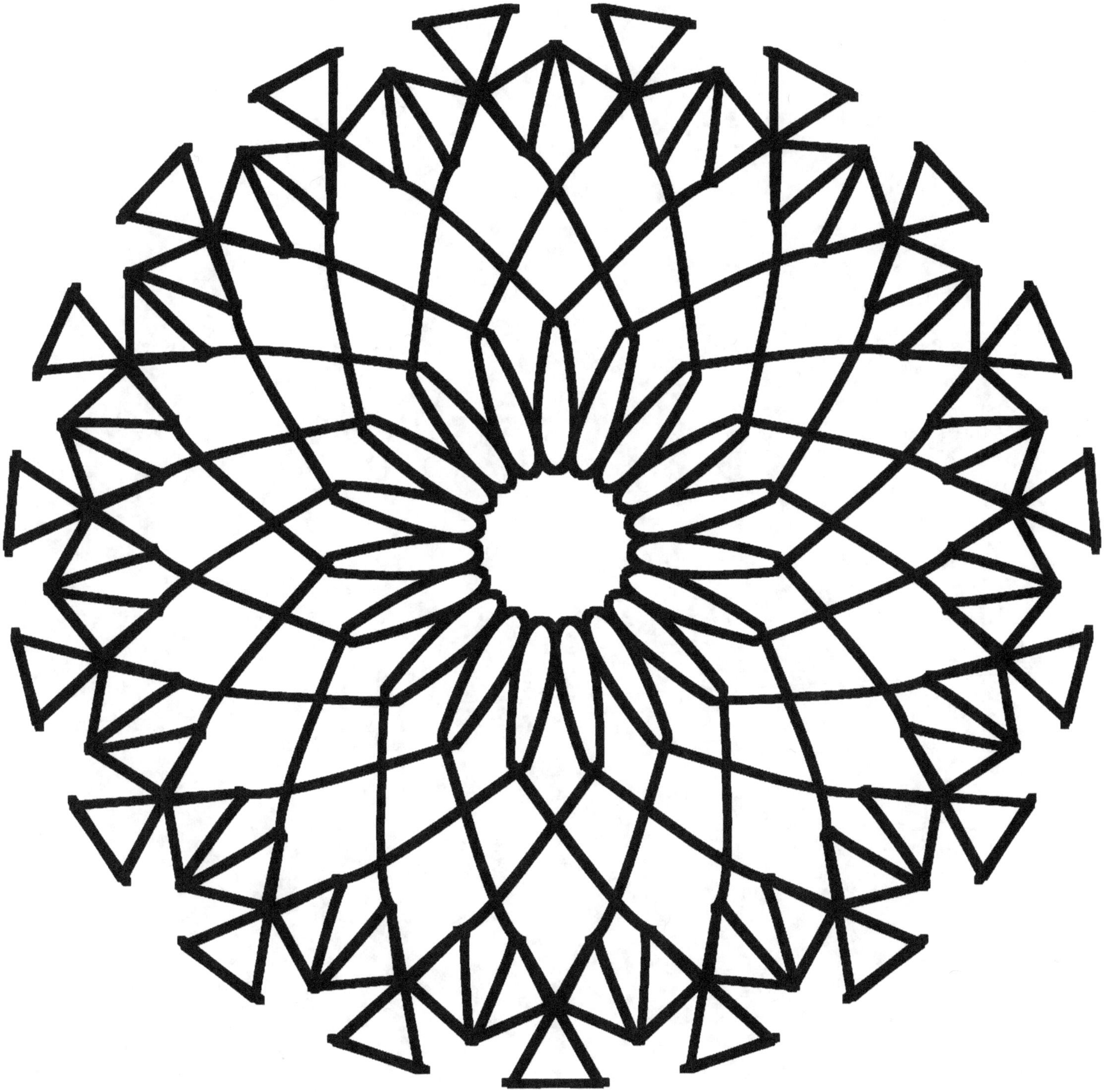

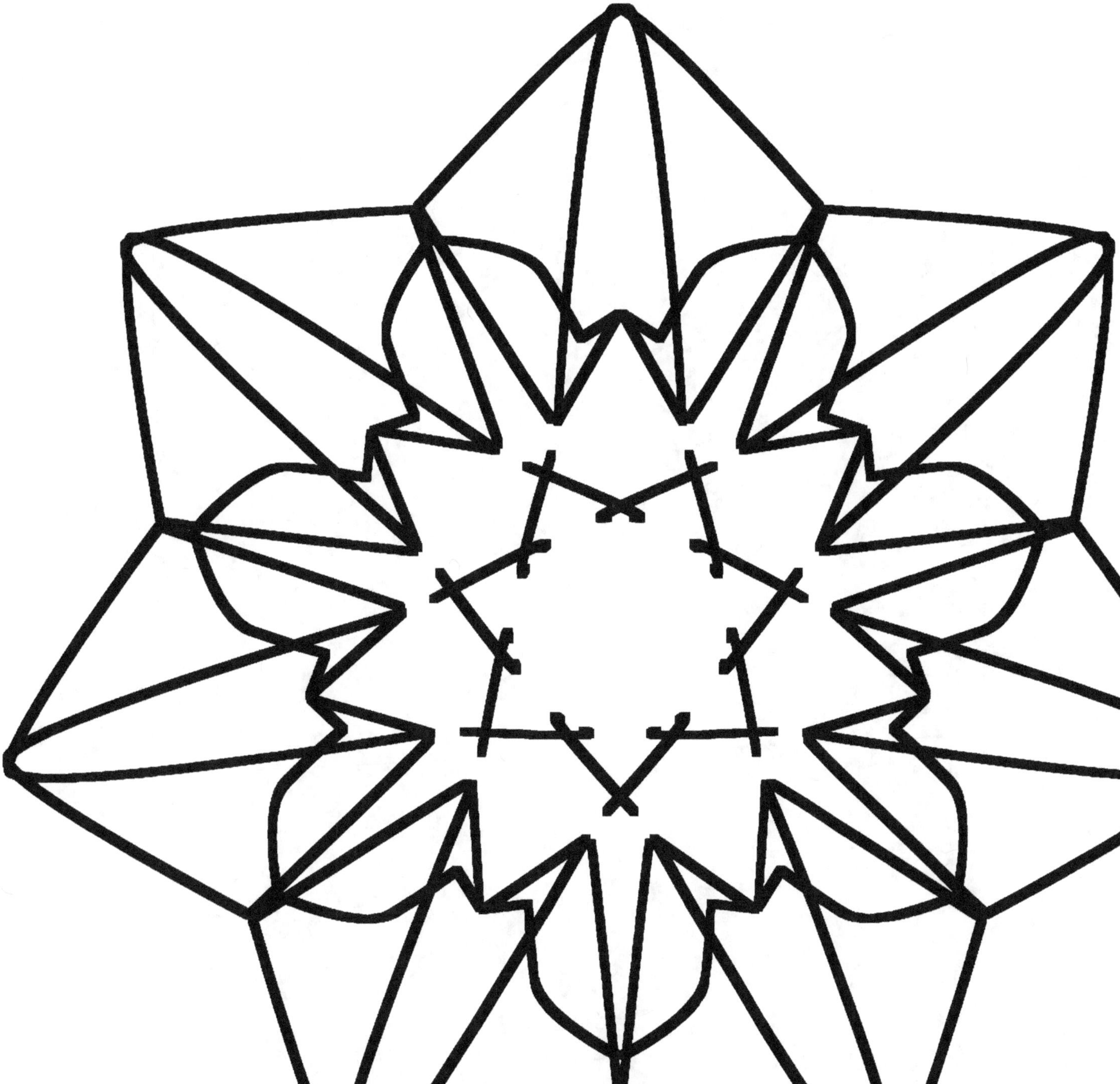

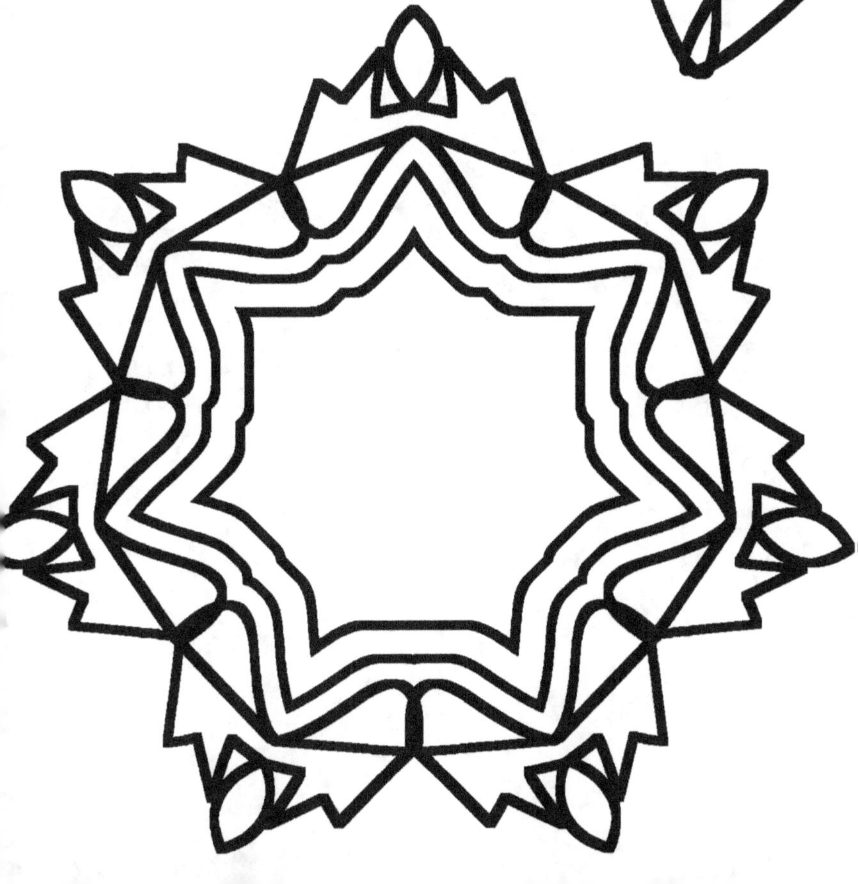

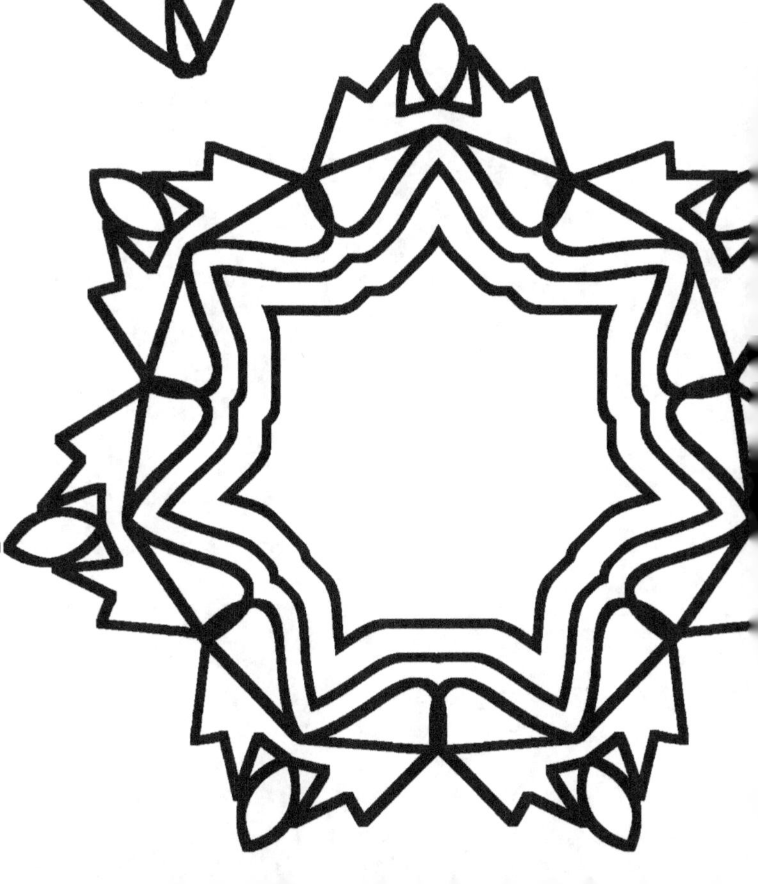

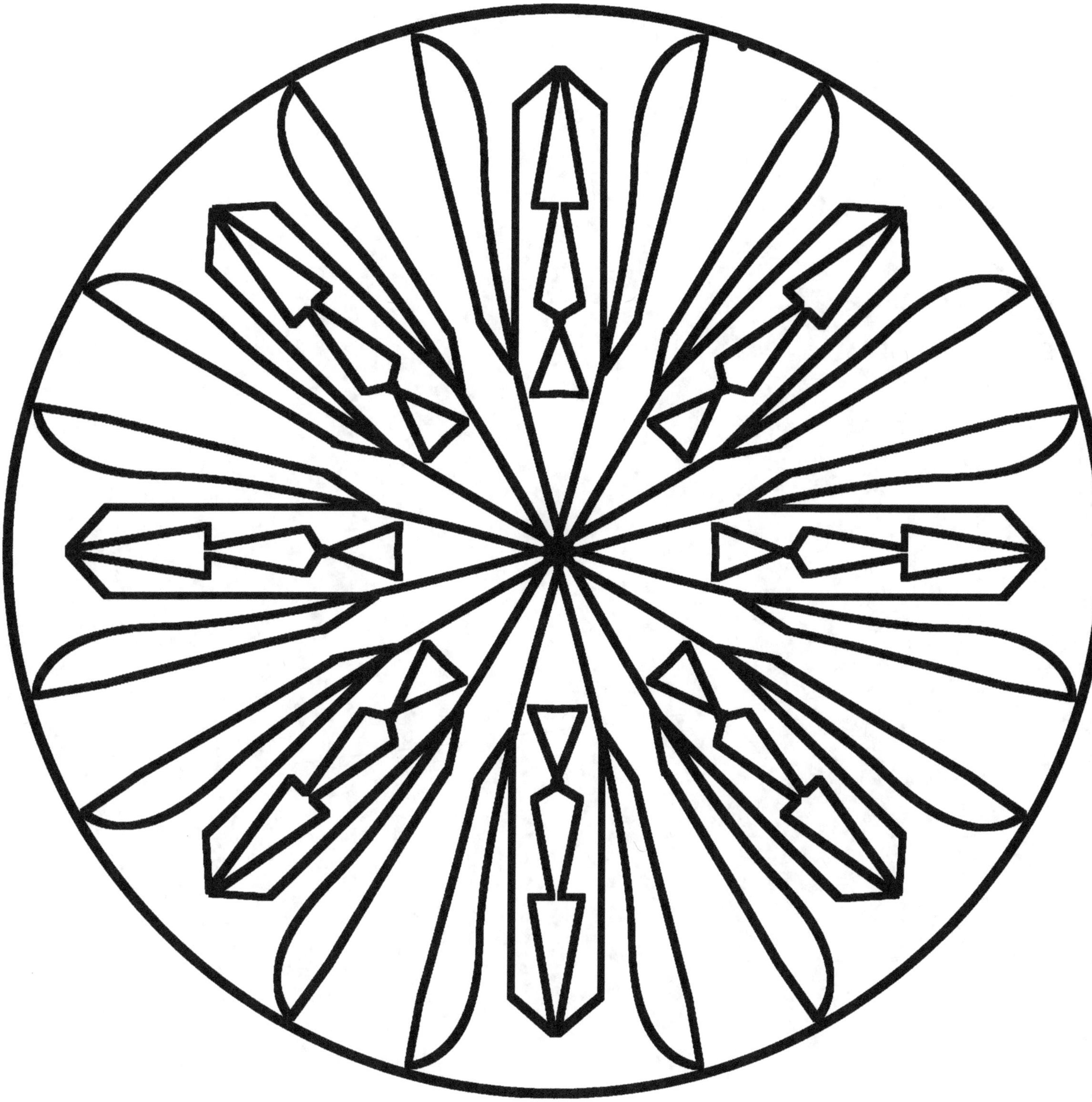

www.ingramcontent.com/pod-product-compliance
Lightning Source LLC
Chambersburg PA
CBHW081057240526
45465CB00025B/2463
* 9 7 9 8 6 2 0 8 9 9 1 2 8 *